Den ultimative og firkanter

100 VELSMAGENDE OG SØDE OPSKRIFTER TIL HVER SAMMENKOMST

Naja Svensson

Sommario

INDLEDNING

Hvad er en brownie? Brownie er en firkantet eller rektangulær chokoladebagt dessert. Brownies kommer i en række forskellige former og kan være enten fudgy eller kage, afhængigt af deres tæthed. De kan omfatte nødder, frosting, flødeost, chokoladechips eller andre ingredienser.

Hvad er fedtbomber? Fedtbomber er søde godbidder med lavt kulhydratindhold og sukkerfri, normalt lavet med kokosolie, kokossmør, flødeost, avocado og/eller nøddesmør. Stort set alt med højt fedtindhold, sukkerfrit og lavt kulhydrat kan laves til at blive en fedtbombe.

Hvad er dessertkugler? Dybest set er det en rig sød konfekt lavet med sukker og ofte smagt til eller kombineret med frugter eller nødder. Hvad kunne være bedre end en dekadent dessert? En der kommer i form af en bold!

Herfra vil det være lige så nemt at bage op fra bunden, et parti brownies eller fedtbombe eller en dessertkugle som at række ud i æske, takket være disse opskrifter.

Lad os dykke ned!

BROWNIES & FUDGE

a) Chokolade hasselnødde brownies

Ingredienser:
- 1 kop usødet kakaopulver
- 1 kop universalmel
- 1 tsk. bagepulver
- ¼ tsk. salt
- 2 spsk. usaltet smør
- 8 spsk. smør
- 1½ dl mørk brun farin, tæt pakket
- 4 store æg
- 2 tsk. vaniljeekstrakt
- ½ kop mælkechokoladechips
- ½ kop halvsød chokoladechips
- ½ kop ristede hasselnødder, hakket

a) Forvarm ovnen til 340°F (171°C). Beklæd en 9×13-tommer (23×33 cm) bradepande let med nonstick-spray og sæt til side. I en mellemstor skål kombineres usødet kakaopulver, universalmel, bagepulver og salt. Sæt til side.

b) I en dobbelt kedel ved svag varme smeltes usaltet smør og smør sammen. Når det er smeltet, tages det af varmen og mørk brun farin røres i. Hæld smør-sukkerblandingen i melblandingen og rør for at kombinere.

c) I en stor skål, pisk æg og vaniljeekstrakt med en elektrisk mixer ved medium hastighed i 1 minut. Tilsæt langsomt smør-melblandingen og bland i 1 minut mere, indtil det lige er blandet. Tilsæt mælkechokoladechips, halvsød chokoladechips og hasselnødder, og pisk i et par sekunder for hurtigt at fordele sig.

d) Overfør blandingen til den forberedte gryde og bag i 23 til 25 minutter, eller indtil toppen ser mørk og tør ud. Afkøl helt i gryden, inden den skæres i 24 stykker og flyttes til en tallerken.

e) Opbevaring: Opbevar tæt pakket ind i plastfolie i køleskabet i 4 til 5 dage eller i fryseren i 4 til 5 måneder.

b) Chocolate Brownies

Ingredienser:
10. 1/4 kop smør
11. 1/4 kop normalt smør
12. 2 æg
13. 1 tsk vaniljeekstrakt
14. 1/3 kop usødet kakaopulver
15. 1/2 kop universalmel
16. 1/4 tsk salt
17. 1/4 tsk bagepulver

Til Frosting:
* 3 borde smør, blødgjort
* 1 tsk smør, blødgjort
* 1 bord skat
* 1 tsk vanilje ekstra t
* 1 kop konfektionssukker

Rutevejledning:
* Forvarm ovnen til 330 grader F.
* Smør og mel en 8-tommers firkantet plade.
* I en stor gryde, ved meget lav varme, smelt 1/4 kop smør og 1/4 kop smør.
* Fjern fra varmen, og tilsæt sukker, æg og 1 tsk vanille. Pisk 1/3 kop cocoa, 1/2 kop mel, salt og bagepulver i. Fordel dejen i den tilberedte gryde.
* Bages i forvarmet ovn i 25 til 30 minutter. Gør ikke overseende.

Til frosting:

Kombiner 3 spiseborde blødgjort smør og 1 tsk smør; tilsæt spiseskefulde cocoa, honning, 1 tsk vaniljeekstrakt og 1 cups

konfektionssukker. Rør indtil glat

c) Rocky Road Brownies

Udbytte: 12 brownies

Ingredienser:
- 1/2 kop smør tilsat cannabis
- 1/8 kop smør
- 2 ounces usødet chocolate
- 4 unces bittersød eller semisweet chokolade
- 3/4 kop al-purpose mel
- 1/2 tsk salt
- 1 kop granuleret sukker
- 2 store æg
- 1 tsk vaniljeekstrakt
- 3/4 kop ristede mandelskiver
- 1 kop mini skumfiduser
  Rutevejledning:
1. Forvarm ovnen til 350 grader F. Beklæd en 8-tommers firkantet bradepande med aluminiumsfolie, og smør folien med enten smør eller grøntsags-afkortning.
2. Smelt dåsesmørret, smørret og chokoladen ved lav varme i en medium sauce under jævnlig omrøring. Sæt til side til afkøling i 5 minutter.
3. Rør mel og salt sammen; læg til side.
4. Rør sukkeret ind i det smeltede kanasmør, indtil det er godt blandet.
5. Pisk æg og vanilje i og fortsæt med at blande, indtil det er godt blandet.
6. Bland mel og salt i, indtil det lige er blandet.
7. Reserver 1/2 kop af den brune dej, og fordel resten i den tilberedte plade.
8. Bag dejen i gryden i cirka 20 minutter. Mens den bager, tilberedes torringen ved at røre den reserverede dej sammen med de ristede mandler og marshmallows
9. Efter at dejen i panden er bagt i 20 minutter, fjernes den fra ovnen.

10. Fordel dem over bagte brownies og vend tilbage til ovnen. Bages i ca. 10 minutter mere, eller indtil skumfiduserne er brune, og en tandstik indsat i midten kommer ud med blot et par fugtige krummer, der klæber sig til den ownies og skive.

d) Jordnød og Jelly Fudge

Ingredienser:

- Ahornsirup, ¾ kop
- Vaniljeekstrakt, 1 tsk
- Jordnødder, 1/3 kop, hakket
- Jordnøddesmør, ¾ kop
- Tørrede kirsebær, 1/3 kop, i tern
- Chokoladeproteinpulver, ½ kop

Metode:

- Hak jordnødder og kirsebær og stil til side.
- Varm ahornsirup op ved lav temperatur og hæld derefter jordnøddesmør over i en skål. Bland indtil glat.
- Tilsæt vanilje og proteinpulver og rør det godt sammen.
- Tilsæt nu peanuts og kirsebær og fold forsigtigt, men hurtigt.
- Overfør dejen til en forberedt gryde og frys, indtil den stivner.
- Skær i stænger efter indstilling og nyd.

e) **No-Bake Mandel Fudge**

Ingredienser:
- Havre, 1 kop, malet til mel
- Honning, ½ kop
- Hurtig havre, ½ kop
- Mandelsmør, ½ kop
- Vaniljeekstrakt, 1 tsk
- Vaniljeproteinpulver, ½ kop
- Chokoladechips, 3 spiseskefulde sprøde riskorn, ½ kop

Metode:
- Sprøjt en brødform med madlavningsspray og stil til side. Kombiner riskorn med havremel og hurtig havre. Hold til side.
- Smelt mandelsmør med honning i en gryde og tilsæt vanilje.
- Overfør denne blanding til skålen med tørre ingredienser og bland godt.
- Overfør til forberedt pande og jævn ud med en spatel.
- Stil på køl i 30 minutter eller indtil den er fast.
- Imens smeltes chokoladen.
- Tag blandingen af panden og dryp smeltet chokolade ovenpå. Stil chokoladen på køl igen, indtil chokoladen stivner, og skær derefter i skiver af den ønskede størrelse.

f) Red Velvet Fudge Proteinbars

Ingredienser:
a) Brændt rødbedepuré, 185 g
b) Vaniljestangpasta, 1 tsk
c) Usødet sojamælk, ½ kop
d) Nøddesmør, 128 g
e) Pink Himalaya salt, 1/8 tsk
f) Ekstrakt (smør), 2 tsk
g) Rå stevia, ¾ kop
h) Havremel, 80 g
i) Proteinpulver, 210 g

Metode:
a) Smelt smør i en gryde og tilsæt havremel, proteinpulver, rødbedepuré, vanilje, ekstrakt, salt og stevia. Rør indtil kombineret.
b) Tilsæt nu sojamælk og rør, indtil det er godt indarbejdet.
c) Overfør blandingen til en gryde og stil den på køl i 25 minutter.
d) Når blandingen er fast skæres den i 6 barer og nydes.

g) Fudge Munchies

Portioner: 6-8

Ingredienser:

- 1/2 kop smør
- 1/2 kop mandelsmør
- 1/8 til 1/4 kop honning
- 1/2 af en banan, moset
- 1 tsk. Vaniljeekstrakt
- enhver form for nøddesmør
- 1/8 kop tørret frugt
- 1/8 kop chokoladechips

Rutevejledning:

a) Tilsæt alle ingredienserne i en blender eller foodprocessor. Blend i flere minutter indtil glat. 2. Hæld dejen i en brødform med bagepapirsbeklædning.
b) Til større bidder, brug en minibrødform eller dobbelt opskriften. Stil på køl eller frys, indtil den er fast. Skær i 8 lige store firkanter.

c)

a) Frosted Mokka Brownies

- 1 c. sukker
- 1/2 c. smør, blødgjort
- 1/3 c. bagning af kakao
- 1 t. instant kaffe granulat
- 2 æg, pisket
- 1 t. vaniljeekstrakt
- 2/3 c. universal mel
- 1/2 t. bagepulver
- 1/4 t. salt
- 1/2 c. hakkede valnødder

- Kom sukker, smør, kakao og kaffegranulat i en gryde. Kog og rør ved middel varme, indtil smørret er smeltet. Fjern fra varmen; afkøles i 5 minutter. Tilsæt æg og vanilje; rør til det lige er blandet.
- Blend mel, bagepulver og salt i; fold nødderne i. Fordel dejen i en smurt 9"x9" bradepande. Bages ved 350 grader i 25 minutter, eller indtil de er stivnet.
- Afkøl i gryde på en rist. Fordel Mocha Frosting over afkølede brownies; skæres i stænger. Gør et dusin.

b) Pekansmør chiafrø blondies

INGREDIENSER

- 2 1/4 kopper pekannødder, ristede
- 1/2 kop Chiafrø
- 1/4 kop smør, smeltet
- 1/4 kop Erythritol, pulveriseret
- spsk. SF Torani Saltet

Karamel
a) dråber flydende stevia
b) store æg
c) 1 tsk. Bagepulver
d) 3 spsk. Tung creme
e) 1 knivspids salt

VEJLEDNING

- Forvarm ovnen til 350F. Mål 2 1/4 kop pekannødder op
- Kværn 1/2 kop hele chiafrø i en krydderikværn, indtil der dannes et måltid.
- Fjern chiamryddet og kom det i en skål. Kværn derefter 1/4 kop Erythritol i en krydderikværn, indtil den er pulveriseret. Sæt i samme skål som chia-måltidet.
- Læg 2/3 af de ristede pekannødder i foodprocessor.
- Bearbejd nødder, skrab siderne ned efter behov, indtil der er dannet glat nøddesmør.
- Tilsæt 3 store æg, 10 dråber flydende stevia, 3 spsk. SF Salted Caramel Torani Sirup, og en knivspids salt til chiablandingen. Bland dette godt sammen.
- Tilsæt pecansmør til dejen og bland igen.
- Brug en kagerulle til at smadre resten af de ristede pekannødder i stykker inde i en plastikpose.

- Tilsæt knuste pekannødder og 1/4 kop smeltet smør i dejen.
- Bland dejen godt, og tilsæt derefter 3 spsk. Tung creme og 1 tsk. Bagepulver. Bland det hele godt sammen.
- Mål dejen op i en 9×9 bakke og glat ud.
- Bages i 20 minutter eller indtil den ønskede konsistens.
- Lad afkøle i cirka 10 minutter. Skær browniens kanter af for at skabe en ensartet firkant. Det er det, jeg kalder "bagerens godbidder" - jep, du gættede rigtigt!
- Snack på de dårlige drenge, mens du gør dem klar til at servere for alle andre. Den såkaldte "bedste del" af brownien er kanterne, og derfor fortjener du at få det hele.
- Server op og spis til dit hjerte (eller rettere makroer) indhold!

c) Æble brownies

a) 1/2 c. smør, blødgjort
b) 1 c. sukker
c) 1 t. vaniljeekstrakt
d) 1 æg, pisket
e) 1-1/2 c. universal mel
f) 1/2 t. bagepulver

- Forvarm ovnen til 350 grader F (175 grader C). Smør en 9x9 tommer bradepande.
- I en stor skål pisk det smeltede smør, sukker og æg sammen, indtil det er luftigt. Vend æbler og valnødder i. I en separat skål sigtes mel, salt, bagepulver, natron og kanel sammen.
- Rør melblandingen i den våde blanding, indtil den netop er blandet. Fordel dejen jævnt i den tilberedte bageform.
- Bag 35 minutter i den forvarmede ovn, eller indtil en tandstikker i midten kommer ren ud.

d) Pebermyntebark brownies

- 20 oz. pkg. fudge brownie blanding
- 12 oz. pkg. hvide chokolade chips
- 2 t. margarine
- 1-1/2 c. slikstokke, knust

1 Forbered og bag brownieblanding i henhold til pakkens anvisninger ved hjælp af en smurt 13"x9" bradepande. Efter bagning afkøles helt i gryden.
2 I en gryde ved meget lav varme smeltes chokoladechips og margarine under konstant omrøring med en gummispatel. Fordel blandingen over brownies; drys med stødt slik.
3 Lad stå i cirka 30 minutter, før du skærer i firkanter. Gør 2 dusin.

e) Keto jordnøddesmør fudge barer

INGREDIENSER

Skorpen
a) 1 kop mandelmel
b) 1/4 kop smør, smeltet
c) 1/2 tsk. Kanel
d) 1 spsk. Erythritol
e) Knip salt

Fudgen
a) 1/4 kop Heavy Cream
b) 1/4 kop smør, smeltet
c) 1/2 kop jordnøddesmør
d) 1/4 kop Erythritol
e) 1/2 tsk. Vaniljeekstrakt
f) 1/8 tsk. Xanthan Gum

Toppings
g) 1/3 kop Lily's Chokolade, hakket

VEJLEDNING

- Forvarm ovnen til 400°F. Smelt 1/2 kop smør. Halvdelen vil være til skorpen og halvdelen til fudgen. Bland mandelmel og halvdelen af det smeltede smør.
- Tilsæt erythritol og kanel, og bland derefter sammen. Hvis du bruger usaltet smør, tilsæt en knivspids salt for at få flere smage frem.
- Bland til det er jævnt hele vejen igennem og tryk i bunden af en bradepande beklædt med bagepapir. Bag skorpen i 10 minutter, eller indtil kanterne er gyldenbrune. Tag den ud og lad den køle af.
- Til fyldet, kom alle fudge-ingredienserne i en lille blender eller foodprocessor og blend. Du kan også bruge en elektrisk håndmixer og skål.
- Sørg for at skrabe ned i siderne og bland alle ingredienserne godt sammen.
- Når skorpen er afkølet, fordeles fudgelaget forsigtigt helt op til siderne af bageformen. Brug en spatel til at udjævne toppen så godt du kan.
- Lige før afkøling, top dine barer af med lidt hakket chokolade. Det kan være i form af sukkerfri chokoladechips, sukkerfri mørk chokolade eller bare god gammel mørk chokolade. Jeg brugte Lily's Stevia Sweetened chokolade.
- Stil på køl natten over eller frys, hvis du vil have det snart.
- Når de er afkølet, fjernes stængerne ved at trække bagepapiret ud. Cut i 8-10 barer og server! Disse peanutbutter fudge barer bør nydes afkølet! Hvis du tager dem med, så sørg for at bære dem i en isoleret madpose for at holde dem faste.

f) Yndlings courgette brownies

h) 1/4 c. smør, smeltet
i) 1 c. jordnøddesmør brownies
j) 1 æg, pisket
k) 1 t. vaniljeekstrakt
l) 1 c. universalmel
m) 1 t. bagepulver
n) 1/2 t. bagepulver
o) 1 T. vand
p) 1/2 t. salt
q) 2-1/2 T. bagekakao
r) 1/2 c. hakkede valnødder
s) 3/4 c. zucchini, strimlet
t) 1/2 c. halvsøde chokoladechips

- I en stor skål blandes alle ingredienserne undtagen chokoladechips.
- Spred dejen i en smurt 8"x8" bradepande; drys dejen med chokoladechips.
- Bages ved 350 grader i 35 minutter. Afkøl før skæres i stænger. Gør et dusin.

g) Malt chokolade brownies

- 12 oz. pkg. mælkechokolade chips
- 1/2 c. smør, blødgjort
- 3/4 c. sukker
- 1 t. vaniljeekstrakt
- 3 æg, pisket
- 1-3/4 c. universalmel
- 1/2 c. maltet mælkepulver
- 1/2 t. salt
- 1 c. maltede mælkekugler, groft hakket

1. Smelt chokoladechips og smør i en gryde ved lav varme under jævnlig omrøring. Fjern fra varmen; lad køle lidt af.
2. Blend de resterende ingredienser undtagen maltede mælkekugler i den angivne rækkefølge.
3. Fordel dejen i en smurt 13"x9" bradepande. Drys med maltede mælkekugler; bages ved 350 grader i 30 til 35 minutter. Afkøle. Skær i stænger. Gør 2 dusin.

h) Tyske chokolade brownies

- 14 oz. pkg. karameller, uindpakket
- 1/3 c. inddampet mælk
- 18-1/4 oz. pkg. Tysk chokoladekageblanding
- 1 c. hakkede nødder
- 3/4 c. smør, smeltet
- 1 til 2 c. halvsøde chokoladechips
1. Smelt karameller med inddampet mælk i en dobbelt kedel. I en skål kombineres tør kageblanding, nødder og smør; rør indtil blandingen er samlet. Tryk halvdelen af dejen i en smurt og meldrysset 13"x9" bradepande.
2. Bages ved 350 grader i 6 minutter. Fjern fra ovnen; drys med chokoladechips og dryp med karamelblanding. Hæld den resterende dej over toppen.
3. Bages ved 350 grader i 15 til 18 minutter længere. Afkøle; skåret i stænger. Gør 1-1/2 dusin.

16. Matcha grøn te fudge

Ingredienser:

- Brændt mandelsmør, 85 g
- Havremel, 60 g
- Usødet vanilje mandelmælk, 1 kop
- Proteinpulver, 168 g
- Mørk chokolade, 4 oz. smeltede
- Matcha grøn te pulver, 4 teskefulde
- Stevia ekstrakt, 1 tsk
- Citron, 10 dråber

Metode:

1. Smelt smør i en gryde og tilsæt havremel, tepulver, proteinpulver, citrondråber og stevia. Bland godt.
2. Hæld nu mælk og rør konstant, indtil det er godt blandet.
3. Kom blandingen over i en brødform og stil den på køl, indtil den stivner.
4. Dryp smeltet chokolade ovenpå og stil på køl igen, indtil chokoladen er fast.
5. Skær i 5 barer og nyd.

17. Honningkager Brownies

- 1-1/2 c. universalmel
- 1 c. sukker
- 1/2 t. bagepulver
- 1/4 c. bagning af kakao
- 1 t. malet ingefær
- 1 t. kanel
- 1/2 t. malede nelliker
- 1/4 c. smør, smeltet og let afkølet
- 1/3 c. melasse
- 2 æg, pisket
- Pynt: pulveriseret sukker

1. I en stor skål kombineres mel, sukker, bagepulver, kakao og krydderier. I en separat skål kombineres smør, melasse og æg. Tilsæt smørblandingen til melblandingen under omrøring, indtil den netop er blandet.
2. Fordel dejen i en smurt 13"x9" bradepande. Bag ved 350 grader i 20 minutter, eller indtil en tandstikker testes ren, når den sættes i midten.
3. Afkøl i gryde på en rist. Drys med flormelis. Skær i firkanter. Gør 2 dusin.

18. Honningchokoladebrownies

Ingredienser:

- 1 kop smeltet smør eller olie
- ½ kop smeltet usødet chocolate eller cocoa pulver
- 4 æg
- 1 kop honning
- 2 tsk vanilje
- 2 kopper ubleget hvidt mel
- 2 tsk bager rowder
- ½ tsk havsalt
- 1 kop rosin s
- 1 kop hakkede nødder
  Rutevejledning:
- Forvarm ovnen til 350 grader F.
- Pisk smør, chokolade, kakao eller chokolade og honning sammen, indtil det er jævnt. Tilsæt æg og vanilje; bland godt.
- Tilsæt de tørre ingredienser, rør til det er fugtet. Tilsæt rosiner og nødder og bland grundigt.
- Hæld dejen i en smurt 9x13 tommer bradepande. Bag i 45 minutter eller indtil færdig.

- Skær ud i 24 stykker (ca. 2 x 2) , hver gang 2 gange mere eller mere på t.o.m. 4 s (ca. 2‖ x 1 ‖) = m e diumdose.

19. Mint brownies

Ingredienser:

- 1 kop smør
- 6 ounces usødet chokolade
- 2 kopper sukker
- 1 tsk bagepulver
- 1½ tsk vanilje
- ½ tsk salt
- 1½ dl mel
- 1 kop valnødder eller pekannødder, fint malet
- 1 1/2 ounce pose Hersheys mintchokoladechips
- 4 æg

Rutevejledning:

- Forvarm ovnen.
- Smelt smør og usødet chokolade i en mellemstor gryde ved lav varme under konstant omrøring. Fjern fra varmen og lad køle af.
- Smør 9×13 tommer pande og sæt til side. Rør sukker i den afkølede chocolateblanding i en gryde. Pisk æg, og tilsæt langsomt til chokoladeblandingen. Rør vanilje i.
- I en skål, rør mel, bagepulver og salt sammen.
- Tilsæt melblandingen til den valgte blanding, indtil den er blandet. Rør nødder og mynte chocolate chips. Fordel dejen i den tilberedte gryde.
- Bag i 30 minutter. Afkøl på trådstativ før opbevaring.

20. Pecan Brownies

Ingredienser:
a) 1 kop smør
b) 2/3 kop chokolade
c) 1 tsk vaniljeekstrakt
d) Orange skal (optional)
e) 5 æggehvider
f) 4 æggeblommer
g) 3/4 kop sukker
h) 1/3 kop mel
i) 1 spsk cocoa rowder
j) 1/2 kop knuste pecannødder

Rutevejledning:

- Forvarm ovnen til 220 grader F.
- Brug en dobbelt kedel ved at placere en skål på toppen af en gryde med vand over middel høj varme.
- Tilføj din chocolate, smør, vaniljeekstrakt og appelsinsaft til den tomme skål og bland for at inkorporere.
- Tag skålen af varmen og sæt den til side. (Du har ikke brug for nogen varme længere fra dette tidspunkt.)
- Placer dine æggehvider i en separat skål.
- Pisk æggehvider, indtil du danner stive hvide toppe, ved hjælp af en elektrisk mixer eller et piskeris; lægges til side.
- Tilføj dine æggeblommer til en anden skål og tilsæt sukker. Bland for at blande.
- Tilsæt din chocolate-blanding til æg-ylkeblandingen, og tilsæt langsomt begge dele med en spatel.
- Når det er tilsat, sigt dit mel i, kog tilberedt og tilsæt dine restnødder.
- Tilføj nu dine fluffy hvide æggehvider til blandingen, og tilsæt det hele sammen ved hjælp af en spatula. Beklæd en bageplade med bagepapir og tilsæt din færdige blanding til den.
- Bag nu i 60 minutter, og dine brownies er klar.

21. Mint brownies med toffeesauce

INGREDIENSER
Brownies
a) 1 kop (230 g) usaltet smør
b) 2 ounce halvsød chokolade, groft hakket
c) 1 og 1/2 kop (300 g) granuleret sukker
d) 1/2 kop (100 g) pakket lys brun farin
e) 2 store æg, ved stuetemperatur
f) 2 tsk ren vaniljeekstrakt
g) 1/2 tsk salt
h) 1/2 kop + 3 spiseskefulde (85 g) universalmel (ske og jævnet)
i) 1/4 kop (21 g) naturligt usødet kakaopulver
Mint frosting lag
• 1/2 kop (115 g) usaltet smør, blødgjort til stuetemperatur
• 2 kopper (240 g) konditorsukker
• 2 spiseskefulde (30 ml) mælk
• 1 og 1/4 tsk pebermynteekstrakt*
• valgfrit: 1 dråbe flydende eller gelgrøn madfarve
Chokolade lag
• 1/2 kop (115 g) usaltet smør
• 1 dynger kop (ca. 200 g) halvsøde chokoladechips

Saltet toffee sauce

1. 7 spsk. smør
2. 9 spsk. usaltet smør
3. 1 kop tung fløde
4. 1 kop mørk brun farin, fast pakket
5. ½ tsk. salt

Instruktioner
Til brownies:

1. Smelt smør og hakket chokolade i en mellemstor gryde ved middel varme under konstant omrøring i cirka 5 minutter. Eller smelt i en medium mikrobølgesikker skål i intervaller på 20 sekunder, omrør efter hver, i mikrobølgeovnen. Fjern fra varmen, hæld i en stor røreskål, og lad den køle lidt af i 10 minutter.
2. Juster ovnristen til den nederste tredje position, og forvarm ovnen til 350°F (177°C). Beklæd bunden og siderne af en 9×13 bradepande* med aluminiumsfolie eller bagepapir, efterlad et udhæng på alle sider. Sæt til side.
3. Pisk granuleret og brun farin i den afkølede chokolade/smørblanding. Tilsæt æggene, et ad gangen, og pisk indtil glat efter hver tilsætning. Pisk vaniljen i. Vend forsigtigt salt, mel og kakaopulver i. Hæld dejen i den forberedte bradepande og bag i 35-36 minutter, eller indtil brownies begynder at trække sig væk fra kanterne af formen.
4. Når den er helt afkølet, løftes folien ud af gryden ved hjælp af udhænget på siderne. Læg det hele på en bageplade, mens du laver frostingen. Skær ikke i firkanter endnu.

Til myntefrostinglaget:

- I en mellemstor skål ved hjælp af en håndholdt eller stativ mixer udstyret med en pagajtilbehør, pisk smørret ved medium hastighed, indtil det er glat og cremet, cirka 2 minutter. Tilsæt konditorernes sukker og mælk. Pisk i 2 minutter ved lav hastighed, øg derefter til høj hastighed og pisk i yderligere 1 minut. Tilsæt pebermynteekstrakt og madfarve (hvis du bruger det) og pisk højt i 1 minut. Smag til og tilsæt en dråbe eller to mere pebermynteekstrakt, hvis det ønskes.
- Frost afkølede brownies, som du har lagt på bagepladen, og stil bagepladen i køleskabet. Dette gør det muligt for frostingen at "sætte sig" oven på brownies, hvilket gør det nemt at fordele chokoladelaget. Opbevares i køleskabet i mindst 1 time og op til 4 timer.

Til chokoladelaget:

a) Smelt smør og chokoladechips i en mellemstor gryde ved middel varme under konstant omrøring i cirka 5 minutter. Eller smelt i en medium mikrobølgesikker skål i intervaller på 20 sekunder, omrør efter hver, i mikrobølgeovnen. Når det er smeltet og glat, hældes det over myntelaget.

b) Spred forsigtigt med en kniv eller offset spatel. Læg de brunkager, der stadig er på bagepladen, i køleskabet og afkøl i 1 time (og op til 4 timer eller endda natten over) for at sætte chokoladen.

c) Når den er afkølet, tages den ud af køleskabet og skæres i firkanter. For pæn skæring skal du lave meget hurtige snit ved at bruge en meget skarp stor kniv og tørre kniven af med et køkkenrulle mellem hvert snit. Brownies er OK ved stuetemperatur i et par timer. Dæk godt til og opbevar rester i køleskabet i op til 5 dage.

Til toffeesauce:

- Kombiner smør, usaltet smør, tung fløde, mørk brunt sukker og salt i en mellemstor gryde over medium-lav varme. Bring det i kog under jævnlig omrøring.
- Fortsæt med at simre i 10 minutter, indtil saucen begynder at reducere i størrelse og tykne. Fjern fra varmen. Lad saucen køle lidt af inden servering.

22. Chokolade- og muskatnødbrownies

Ingredienser:

1. 1/4 pund smør
2. 1/4 rund mørk chocolate
3. 1 kop hvidt sukker
4. 4 almindelige æg
5. 1/2 kop almindeligt mel
6. Muskatnød
7. Kanel
8. 2 borde med vanilje

Vejbeskrivelse

- Forvarm din ovn til 350 grader F.
- Smelt smørret ved lav varme, tilsæt derefter chokoladen (i terninger er det nemmest) og smelt det sammen med det allerede smeltede smør; rør regelmæssigt, så det bliver chocolat smør!
- Så snart chokoladen er smeltet helt, tilsæt kanel, muskatnød og det hvide sukker; rør rundt og lad det simre i et par minutter.
- Tilsæt æggene, et ad gangen, og slå dem, så blommen går i stykker. Fortsæt med at røre blandingen ved lav varme, indtil den er helt jævn.
- Tilsæt melet og fintmalet cannabis til blandingen. Hvis du kan lide nødder, så kan du tilføje en portion af en kop af din yndlingsnød, hvis du ønsker det. Rør det godt; hvis det er svært at røre, så tilsæt en lille sjat mælk.
- Hæld din blanding i en smurt 9x13 tommer gryde, hvis du ikke har en, så er en mindre OK – det betyder bare en tykkere brownie og er muligvis en lille smule.
- nødvendigt med lidt længere tid .
- Når den ser ud og føles som en kæmpe brownie, skal du skære den i omkring 20 s q uare. Det er selvfølgelig ligegyldigt, hvor mange firkanter.
- Dosering: Vent en time og se, hvordan du har det. Så spis mere efter behov! Disse brunier smager lækkert, og det er svært at

modstå at spise dem, men du ønsker ikke at spise for mange og så hvide!

23. Peanut Butter Swirl Brown

Ingredienser:

- 2 bordplader kan smør, blødgjort
- 2 borde sukker
- 1 1/2 spsk brunt sukker
- 1 tablespoon cocoa powder
- 1 æggeblomme
- 3 spsk mel
- En smule salt
- Stænk vanilje
- 1 bord med cremet jordnøddesmør

Rutevejledning:

1. Bland dåsesmør, sukker, brunt sukker, vanilje og æggeblomme, indtil det er jævnt.
2. Rør salt og mel i, indtil det er godt blandet. Rør chocolate chips i til sidst.
3. Hæld i en ramkin eller et krus, og prik derefter toppen med peanutbutter.
4. Rør let rundt med en smørkniv.
5. 5,75 sekunder i mikrobølgeovnen, indtil den er færdig.

24. Græskarbrownies

Ingredienser:
1. 2/3 kop pakket brunt sukker
2. 1/2 kop græskar på dåse
3. 1 helt æg
4. 2 æggehvider
5. 1/4 kop dåsmør
6. 1 kop al-purrose mel
7. 1 tsk bagemaskine
8. 1 tsk usødet kakaopulver
9. 1/2 tsk stødt kanel
10. 1/2 tsk malet alt
11. 1/4 tsk salt
12. 1/4 tsk stødt nøddenød g
13. 1/3 kop miniatyr halvsød chokoladestykker

Rutevejledning:

- Forvarm ovnen til 350 grader F.
- I en stor skål blandes brun farin, græskar, hele ægget, æggehvider og olie.
- Pisk med en elektrisk mixer på medium hastighed, indtil det er blandet.
- Tilsæt mel, bagepulver, cocoapulver, kanel, allehånde, salt og muskatnød
- Slå på lavt hastighed, indtil det er jævnt. Rør halvsøde chocolate stykker i.
- Spray en 11×7 tommer bageplade med non-stick belægning.
- Hæld dejen i panden. Spred jævnt.
- Bag 15 til 20 minutter, eller indtil en tandstik, der er indsat i nærheden af midten, kommer ren ud.

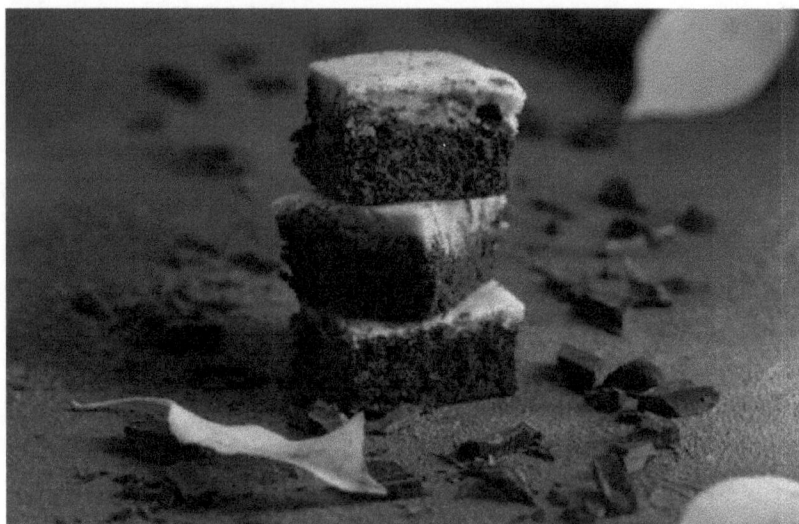

BARKER, PRETZELS & NOUGATINER

25. Pebermynte Buddha Bark

Ingredienser:

1. 12 unces hvid chokolade
2. 6 ounces semisweet chocolate
3. 4 borde med kokosnøddeolie
4. ½ tsk pebermynteekstrakt
5. 3 slik dåser (knust)
   Vejbeskrivelse

- Beklæd en 9×9 tommer bradepande med noget pergamentpapir eller aluminiumsfolie, og sørg for at vikle folien over siderne af panden, og udglatte eventuelle rynker. Dette trin vil sikre en hurtig oprydning og vil også give pebermyntebarken mulighed for nemt at komme af banen, når det er tid til at bryde den op i individuelle stykker.
- Smelt de semisweet chocolate chips og de hvide chocolate chips sammen. For at gøre dette skal du lave en dobbelt kedel ved hjælp af en varmesikker skål og en sausepande fyldt med vand. Vælg en skål, der passer tæt over toppen af gryden (brug ikke en skål, der sidder usikkert oven på gryden). Du vil også sikre dig, at bunden af skålen ikke rører vandet, ellers risikerer du at brænde chocolaten.
- Som en side, bruger denne opskrift 3 lag chokolade til barken (hvid, halvsød, hvid). Du er velkommen til at skifte mellem mængderne af valget og vende lagene (halvsød, hvid, halvsød), hvis du vil!
- Bring vandet i saucen til en simretid, og anbring den varmesikre skål med dine hvide chokoladeskibe over saucepanden.
- Smelt de hvide chocolate chips, indtil de er glatte
- Tilsæt 4 spiseborde med cannabis-infunderet koknøddeolie og ½ tsk perrmynteekstrakt.
- Rør indtil begge olier er helt opløst i den hvide chokolade. Bortset fra at medicinere retten, vil kokosnøddeolien også skabe en flot glans i barken og give den et godt "snap ", når du får det godt. p i eces .

- Når den hvide chocolate er smeltet, er den glat igen, skal du hælde halvdelen af den i den forberedte plade. Vip ranen, efter du har blandet halvdelen af den smeltede hvide choklad for at sikre en ensartet belægning/første lag.
- Placer gryden i køleskabet, og lad det første lag af chocolate stivne fuldstændigt, cirka 30 minutter eller deromkring.
- Mens dit første lag af bark er indstillet, gentag ovenstående trin for at forberede en anden dobbeltkedel til dine semi-søde chokolade chip.
- Når dine halvsøde chokoladechips er smeltet fuldstændigt, skal du fjerne skålen fra dobbeltkedlen.
- Tag panden med det første lag hvid chocolate fra køleskabet og hæld hele skålen af smeltet, sød, sød chokoladechips. Det er ekstremt vigtigt, at det indledende lag af hvidt udvalgt er ret hårdt, da introduktion af det andet lag vil få dem til at blande sig, hvis dette er
- Fordel det andet lag af halvsøde chocolate-chips jævnt ud over bakken ved hjælp af en skratel eller bagerkniv.
- Sæt gryden tilbage i køleskabet, mens du venter på, at det andet lag chokolade sætter sig, igen omkring 30 minutter eller deromkring.
- Når det andet lag af chocolate er sat, tilføj det tredje og sidste lag af hvidt udvalg oven på det halvsøde lag. Fordel dette tredje lag jævnt med en spatel.
- Placer slikdåserne i en Ziploc-pose og kom i gang med at knuse dem i små stykker ved hjælp af bagsiden af en øse eller en kagerulle.
- Drys de knuste sukkerrør oven på det tredje og sidste lag af hvidt, der dækker hele overfladen, og læg derefter bordet tilbage i køleskabet indtil kl minutter til 1 time).
- Når du er klar til at spise, skal du fjerne barken fra køleskabet og trække op på siderne af aluminiumsfolien – barken skal løftes lige ud af bunden!
- Bryd barken i individuelle stykker, og enten pak dem sammen for at give dem som en gave, eller server dem til dine gæster med det samme!

26. Chokoladebark med kandiserede pekannødder

Ingredienser:
a) 2 spsk. smør
b) 1 kop halve pekannødder
c) 2 spsk. lys eller mørk brun farin, fast pakket
d) 2 kopper mørk chokoladechips
e) 2 spsk. krystalliseret ingefær

Vejbeskrivelse
a) Varm smørret op i en lille gryde ved lav varme i 2 til 3 minutter eller indtil det er helt smeltet. Tilsæt halve pekannødder og rør i 3 til 5 minutter, indtil dufter og nøddeagtig. Bland lysebrunt sukker i, under konstant omrøring, i cirka 1 minut, eller indtil pekannødder er jævnt belagt og er begyndt at karamellisere. Fjern fra varmen.
b) Fordel karamelliserede pekannødder på bagepapir og lad dem køle af. Hak pekannødder groft og stil til side.
c) I en dobbelt kedel over medium varme, rør mørke chokolade chips i 5 til 7 minutter eller indtil helt smeltet.
d) På en bageplade beklædt med bagepapir fordeles smeltet chokolade.
e) Drys karamelliserede pekannødder og krystalliseret ingefær jævnt ovenpå. Stil til side i 1 til 2 timer, eller indtil chokoladen har sat sig. Skær eller del bark i 6 lige stykker.
f) Opbevaring: Opbevares tildækket i en lufttæt beholder i køleskabet i op til 6 uger eller i fryseren i op til 6 måneder.

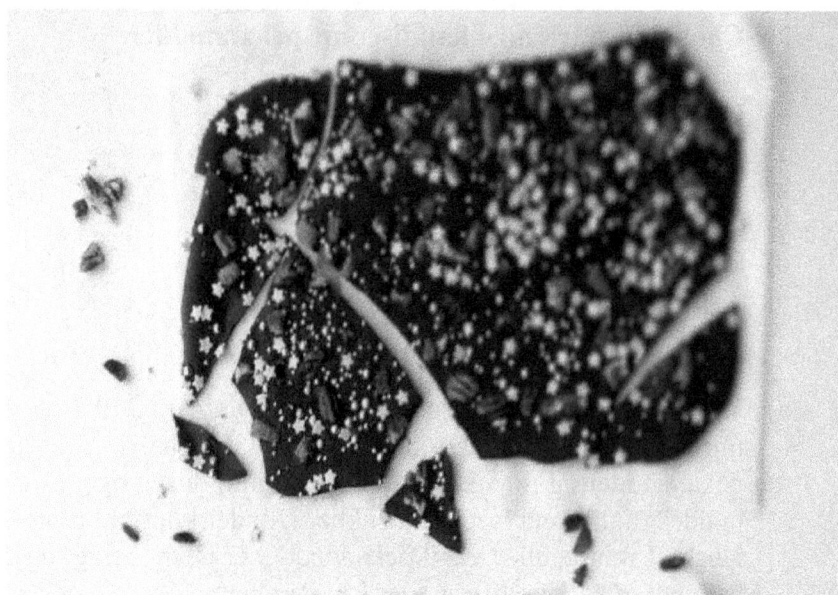

a) Pekansmør chiafrø blondies

INGREDIENSER

- 2 1/4 kopper pekannødder, ristede
- 1/2 kop Chiafrø
- 1/4 kop smør, smeltet
- 1/4 kop Erythritol, pulveriseret
- 3 spsk. SF Torani saltet karamel
- dråber flydende stevia
- 3 store æg
- 1 tsk. Bagepulver
- 3 spsk. Tung creme
- 1 knivspids salt

VEJLEDNING

a) Forvarm ovnen til 350F. Mål 2 1/4 kop pekannødder op og bag dem i cirka 10 minutter. Når du kan lugte en nøddeagtig aroma, fjern nødder

b) Kværn 1/2 kop hele chiafrø i en krydderikværn, indtil der dannes et måltid.

c) Fjern chia-mel og kom i en skål. Kværn derefter 1/4 kop Erythritol i en krydderikværn, indtil den er pulveriseret. Sæt i samme skål som chia-måltidet.

d) Kom 2/3 af de ristede pekannødder i foodprocessor.

e) Bearbejd nødder, skrab siderne ned efter behov, indtil der er dannet glat nøddesmør.

f) Tilsæt 3 store æg, 10 dråber flydende stevia, 3 spsk. SF Salted Caramel Torani Sirup, og en knivspids salt til chiablandingen. Bland dette godt sammen.

g) Tilsæt pecansmør til dejen og bland igen.

h) Brug en kagerulle til at smadre resten af de ristede pekannødder i stykker inde i en plastikpose.

i) Tilsæt knuste pekannødder og 1/4 kop smeltet smør i dejen.

j) Bland dejen godt, og tilsæt derefter 3 spsk. Tung creme og 1 tsk. Bagepulver. Bland det hele godt sammen.

k) Mål dejen op i en 9×9 bakke og glat ud.

l) Bages i 20 minutter eller indtil den ønskede konsistens.

m) Lad afkøle i cirka 10 minutter. Skær browniens kanter af for at skabe en ensartet firkant. Det er det, jeg kalder "bagerens godbidder" - jep, du gættede rigtigt!

n) Snack på de dårlige drenge, mens du gør dem klar til at servere for alle andre. Den såkaldte "bedste del" af brownien er kanterne, og derfor fortjener du at få det hele.

o) Server op og spis til dit hjerte (eller rettere makroer) indhold!

28. Chokoladedyppet tørret mango

Ingredienser:
a) 1 kop mørk chokoladechips
b) 2 spsk. kokosolie
c) 12 store stykker usødet tørret mango
d) 6 spsk. revet kokosnød (valgfrit)

Vejbeskrivelse
- Beklæd en bageplade med bagepapir og stil til side. Kombiner mørke chokoladechips og kokosolie i en dobbelt kedel ved middel varme.
- Rør i 5 til 7 minutter, eller indtil chokoladen er helt smeltet og grundigt kombineret med kokosolie. Fjern fra varmen.
- Dyp hvert mangostykke i smeltet chokolade med en gaffel eller dine hænder og lad det overskydende dryppe tilbage i skålen. Læg dyppede mangostykker på den forberedte bageplade.
- Drys revet kokosnød (hvis du bruger) over dyppet mangostykker. Stil på køl i 30 minutter eller indtil chokoladen er stivnet.
- Opbevaring: Opbevares tildækket i en lufttæt beholder i køleskabet i op til 6 uger eller i fryseren i op til 6 måneder.

29. Kringlestænger med hvid chokolade

Ingredienser:
- ¼ kop toffee stykker
- 1 kop hvid chokolade smelter
- 2 spsk. smør
- 6 kringle stænger

Vejbeskrivelse

- Beklæd en bageplade med bagepapir og stil til side. Hæld toffee stykker på en lav plade nær bagepladen.
- I en dobbelt kedel over medium varme, kombinere hvid chokolade smelter og smør, omrøring lejlighedsvis, i 5 til 7 minutter, indtil hvid chokolade er helt smeltet.
- Dyp ¾ af hver kringlestang i smeltet hvid chokolade, og lad eventuelt overskydende chokolade dryppe tilbage i gryden.
- Rul hver kringlestang i toffee-stykker og læg dem på den forberedte bageplade. Lad stivne i mindst 30 minutter.

- Opbevaring: Opbevares i en lufttæt beholder i køleskabet i op til 1 måned.

30. Chokoladedyppet nougatine

Ingredienser:
a) ¾ kop granuleret sukker
b) ⅓ kop lys majssirup
c) ¼ kop hakkede pistacienødder
d) ¾ kop hakkede mandler
e) 2 spsk. smør
f) 1 kop mørk chokoladechips

Vejbeskrivelse

a) Beklæd en bageplade med bagepapir og stil til side. Rør sukker og lys majssirup i en medium gryde over medium varme i 5 til 7 minutter, indtil blandingen er smeltet og begynder at karamellisere.
b) Bland pistacienødder, mandler og smør i, og rør i 2 til 3 minutter for at riste mandler let. (Lad være med at koge.)
c) Overfør nougatineblandingen til den forberedte bageplade og top med et ekstra stykke bagepapir. Fordel jævnt med en kagerulle, indtil ca. ½ tomme (1,25 cm) tyk. Skær i 12 stykker.
d) I en dobbelt kedel over medium varme, opvarm mørke chokoladechips i 5 til 7 minutter eller indtil smeltet.
e) Dyp nougatinestykkerne i smeltet chokolade, dækker kun halvdelen af nougatinen, og vend tilbage til den pergamentbeklædte bageplade. Lad chokoladen stivne i mindst 1 time.
f) Opbevaring: Opbevares i en lufttæt beholder i op til 1 uge.

DESSERTTRØFLER & KUGLER

31. Peanut Butter Balls

Nødvendige varer:

- Blandeskål
- Dobbelt kedel
- bakke
- Voksbelægning
- Toothpucks

Ingredienser:

- 1 1/2 kopper jordnøddesmør
- 1 kop dåsesmør (hærdet)
- 4 cups confectioners' suga r
- 1 1/3 kopper Graham cracker crumbs
- 2 kopper halvsød chocolate chip
- 1 bord om afkortning

Retninger:

a) Placer jordnøddesmørret og dåsesmørret i en stor røreskål.
   Blend langsomt konfektionssukkeret i, og sørg for, at det ikke
   bliver rodet. Tilsæt Graham cracker-krummer og bland indtil
   consistency bliver sosolid nok til sape til kugler.
b) Lav en-tommers diameter kugler.
c) Smelt chokoladen og afkortningen i en dobbeltbundet kedel.
   Prik en tandstik i hver kugle, og dyp dem derefter en efter en i
   chokoladeblandingen.
d) Placer de chocolate-indpakkede bolde på vokspapir på en
   bakke. Læg i fryseren i ca. 30 minutter, indtil kuglerne er helt
   faste.

32. Ancho chile trøfler

Ingredienser:
a) ⅔ kop tung fløde
b) 5 spsk. smør
c) 3 tsk. ancho chile pulver
d) 2 tsk. stødt kanel
e) Dash salt
f) ½ lb. (225 g) bittersød chokolade, hakket
g) 1 tsk. kakaopulver

Vejbeskrivelse
1. Beklæd en 9×13-tommer (23×33 cm) bradepande med bagepapir og stil til side. Kombiner tung fløde, 3 spsk smør, 2 tsk ancho chile pulver, kanel og salt i en mellemstor gryde over medium-lav varme. Bring blandingen i kog, dæk til og fjern fra varmen. Lad stå i 2 timer.
2. Sæt gryden tilbage på middel-lav varme. Når det koger, tages det af varmen og tilsæt bittersød chokolade og de resterende 2 spsk smør. Rør i 2 til 3 minutter, eller indtil chokoladen er smeltet og blandingen er glat. Hæld i den forberedte bradepande og stil i køleskabet i 4 timer.
3. Brug en ske og dine hænder til at form blandingen til 16 1-tommer (2,5 cm) kugler. Læg kuglerne på en ren bageplade beklædt med bagepapir og stil dem på køl i 30 minutter.
4. Kombiner den resterende 1 tsk ancho chile pulver og kakaopulver i en lille skål. Rul kugler i pulver og læg dem tilbage på bagepapiret.
5. Opbevaring: Nyd samme dag ved stuetemperatur eller opbevar i en lufttæt beholder i køleskabet i op til 1 uge.

33. Chokoladetrøfler

Forberedelsestid: 15-20 minutter
Tilberedningstid: 0 minutter
Serveringer: 10-12

Ingredienser:

- ½ kop smør blødgjort
- ½ kop pulveriseret sukker
- ¼ kop usødet kakaopulver
- ½ kop mandelmel
- Stor knivspids salt
- Dash mandelekstrakt
- Dash vaniljeekstrakt
- 24 hele mandler, ristet i smør og salt
- 1 kop usødet strimlet kokosnød

Rutevejledning:

- Beklæd en bageplade med bagepapir. I en skål lægges alle de tilberedte ingredienser undtagen hele mandler og kokos og blandes forsigtigt, indtil blandingen er nogenlunde jævn.
- Rul teskefulde af blandingen mellem dine håndflader til kugler. (Arbejd hurtigt, da smørret hurtigt bliver meget blødt. Stil på køl et par minutter, hvis blandingen bliver for blød.)
- Hvis du bruger de ristede mandler, skal du stikke en ind i midten af hver mand og rulle hurtigt igen for at glatte tingene.
- Læg kokosnødden i en skål og rul kuglerne i kokosnødden, indtil de er dækket. Læg den på bagepladen og stil den på køl, så den stivner. Opbevar munchies i en glasbeholder i

køleskabet.

34. Chokoladedækkede kirsebær

Tilberedningstid: 1½ time.
Tilberedningstid: 5 minutter
Portioner: 12

Ingredienser:

- 24 kirsebær med stilke (fjern kernerne eller brug tørrede)
- 1 kop mælkechokoladechips
- 1 kop mørk chokoladechips
- ¼ kop kokosolie

Rutevejledning:

a) Opvarm mørke chokoladechips, mælkechokoladechips og kokosolie i en mikroovnssikker skål.
b) Opvarm blandingen i 20 sekunders intervaller og rør rundt, indtil den endelig er smeltet.
c) Sørg for, at chokoladen ikke er for varm. Dæk kirsebærene med chokolade, og lad den overskydende chokolade dryppe af. Sæt kirsebærene på et voksbeklædt papir.
d) Når alle kirsebærene er færdige, sæt dem i køleskabet i 1 time

e) Dobbeltbeklæd kirsebærene, hvis du vil (sæt i køleskabet igen)
God fornøjelse!

35. Napolitansk fudge

INGREDIENSER
a) ½ kop smør blødgjort
b) 1/2 kop kokosolie
c) 1/2 kop creme fraiche
d) 1/2 kop flødeost
e) 2 spsk. Erythritol
f) 25 dråber flydende stevia
g) 2 spsk. Kakao pulver
h) 1 tsk. Vaniljeekstrakt
i) 2 mellemstore jordbær

VEJLEDNING
9. I en skål kombineres smør, kokosolie, creme fraiche, flødeost, erythritol og flydende stevia.
10. Brug en stavblender til at blende ingredienserne sammen til en jævn blanding.
11. Fordel blandingen i 3 forskellige skåle. Tilsæt kakaopulver til en skål, jordbær til en anden skål og vanilje til den sidste skål.
12. Bland igen alle ingredienserne med en stavblender. Adskil chokoladeblandingen i en beholder med en tud.
13. Hæld chokoladeblandingen i fedtbombeformen. Stil i fryseren i 30 minutter, og gentag derefter med vaniljeblandingen.
14. Frys vaniljeblandingen i 30 minutter, og gentag derefter processen med jordbærblandingen. Frys igen i mindst 1 time.
15. Når de er helt frosne, fjernes de fra fedtbombeformene.

36. Osteagtige broccolikugler

INGREDIENSER

Fritterne
- 250 g smeltet smør
- 3/4 kop mandelmel
- 1/4 kop + 3 spsk. Hørfrømel
- oz. Frisk broccoli
- oz. Mozzarella ost
- 2 store æg
- 2 tsk. Bagepulver
- Salt og peber efter smag
  VEJLEDNING
- Kom broccoli i en foodprocessor og pulsér indtil broccolien er brudt ned i små stykker. Du ønsker, at det skal være godt behandlet.
- Bland ost, mandelmel, smør, hørfrømel og bagepulver sammen med broccolien. Hvis du vil tilføje ekstra krydderier (salt og peber), skal du gøre det på dette tidspunkt.
- Tilsæt de 2 æg og bland godt sammen, indtil det hele er inkorporeret.
- Rul dejen til kugler og overtræk derefter med hørfrømel.
- Fortsæt med at gøre dette med hele dejen og sæt til side på køkkenrulle.
- Opvarm din frituregryde til 375F. Jeg bruger denne frituregryde. Når du er klar, skal du lægge broccoli- og ostefritter inde i kurven, uden at overfylde den.
- Steg fritterne, indtil de er gyldenbrune, cirka 3-5 minutter. Når det er færdigt, læg på køkkenrulle for at dræne overskydende fedt og krydre efter din smag.
- Lav gerne en frisk dild og citronmayonnaise til en dip. Nyde

37. Chocolate-dyppede kirsebær

Ingredienser:
- 1 kop mørke chocolate chip
- 1 kop mælkechokolade
- ¼ kop kokosolie
- 24 kirsebær med stilke (vaskede og tørrede; hvis du bruger friske kirsebær, så husk at fjerne pit!)

Rutevejledning:
- Opvarm mælkechocolate, mørk chocolate og kokosolie i en skål, der er sikker i mikrobølgeovnen. Fjern og omrør hvert 20. sekund, indtil det er smeltet. Chocolate skal være varm, men ikke varm.
- Dyp tørre kirsebær ved stilkene i chocolate, en ad gangen, så overskydende chocolate kan dryppe tilbage i skålen.
- Sæt cherrie på en voks-foret plade til tørre. Gentag indtil alle kirsebær er overtrukket. Gem ekstra chocolate på siden
- Afkøl kirsebær i køleskabet i 1 time.
- Varm chokoladesaucen op igen, og fjern kirsebærene fra køleskabet.
- Dyp hver kirsebær i chocoladesauce for anden gang. Sæt kirsebær tilbage i køleskabet for at afkøle i 1 time før servering.

38. Myntebrød

Ingredienser:

- ½ kop lys majssirup
- 2 tsk pebermynteekstrakt
- ½ kop blødgjort smør
- 2 dråber madfarve (valgfrit)
- 9 kopper sigtet pulveriseret sukker (ca. 2 pund)

Rutevejledning:

a) Brug en røreskål til at blande majssirup, pebermynteekstrakt og let smeltet bagt smør eller margarine. Tilsæt derefter sukkeret, lidt ad gangen, og kom det i blandingen. Tilsæt mængden af madfarve for at opnå den ønskede farve og blend godt.
b) Rul denne blanding til små kugler. Læg dem et par centimeter fra hinanden på en bageplade, der er beklædt med vokspapir. Brug en gaffel til at gøre hver enkelt flad.
c) Lad myntebøfferne trække i køleskabet i flere timer. Tag bøfferne ud af køleskabet og lad dem stå ved stuetemperatur i flere dage for at tørre ud.

d) Efter et par dage, når frikadellerne er tørret ud, overføres dem til en beholder med lufttæt låg og opbevares i køleskabet.

39. Kokosnød Marshmallow Kugler

Ingredienser:

- 2 ounce smør
- 2 spsk kakao
- 3 spiseborde kondenseret mælk
- 2 ounces brunt sukker
- 1/8 unce fintmalet hash or cannabis af høj kvalitet
- 6 ounces udtørret coconut
- 5 ounces små hvide skumfiduser

Rutevejledning:

a) Efter at have smeltet smørret i en gryde, blandes din cocoa, mælk, sukker og hash i. Fortsæt med at varme, under omrøring af og til, indtil indholdet er smeltet sammen. Vær meget forsigtig med, at du ikke koger det.

b) Fjern fra varmen, og tilføj størstedelen af koksnødden, og spar lige nok til en sidste belægning. Del nu din blanding i 15 kugler af ens størrelse, og flad dem derefter lige nok til at blive viklet rundt om en marshmallow.

c) Når du har indtaget en skumfidus, skal du rulle hver af dem i din resterende kokosnød, indtil en generøs belægning er blevet påført.

d) Vi anbefaler kun at spise 1-2 per person, på trods af deres smag.

40. Peanut Butter Goo Balls

Udbytte: 15 Goo Balls

Ingredienser:

a) 250 g smeltet smør
b) 225 g havre
c) 250 g jordnøddesmør
d) 3 spsk honning
e) 2 spsk malet kanel n
f) 2 spsk kakao rowder

Rutevejledning:

a) Placer alle ingredienser i en stor skål og rør, indtil alt er blandet i.
b) Placer blandingen i fryseren og lad den stå i 10-20 minutter.
c) Støb blandingen til individuelle kugler, til størrelsen af din præference. Herefter skal du slippe det på noget voksmiddel for at sætte sig.
d) Nogle foretrækker at tilføje andre ingredienser som f.eks. hakkede valnødder, rosiner, Ris Krisries eller Sorneflager, bare for at eksperimentere.
e) Mere havre kan tilsættes, hvis du synes, at slutresultatet er lidt for klistret og godt, eller tilsæt mere honning eller jordnøddesmør, hvis det viser sig at være for tørt. Det handler om at være kreativ og tilføje dit eget touch til denne delikatesse.
f) Når det er gjort, er du nu klar til at servere denne skønne godbid, som kan spises til dessert, en snack eller bare et hvilket som helst tidspunkt på dagen, du vælger at have en spiselig.
g) Nyde!

41. Snebolde

Tilberedningstid: 1½ time.
Tilberedningstid: 20-25 minutter
Portioner: 12

Ingredienser:

8. 1 kop smør, blødgjort
9. 1/4 kop sukker
10. 1 tsk. ren vaniljeekstrakt
11. 2 kopper universalmel
12. 2 spsk. majsstivelse
13. 1 kop usaltede ristede mandler, finthakkede
14. 1/4 tsk. salt
15. 1 kop pulveriseret sukker til belægning

Rutevejledning:

- Ved at bruge en standmixer eller en håndmixer, pisk smørret med 1/4 kop sukker, indtil det er cremet. Tilsæt vaniljeekstrakten. Pisk forsigtigt mel, majsstivelse, ristede mandler og salt i, indtil det er godt blandet. Pak ind i plastfolie og stil på køl i en time. Forvarm ovnen til 325°. Tag den afkølede dej ud af køleskabet og kom ca. en spsk. af dejen og form den derefter til en 1-tommer kugle.
- Arranger kuglerne på bagepladen omkring 1 tomme fra hinanden. Bag kagerne på midterste rille i ovnen i 20 minutter, eller indtil de er gyldne og stivnede. Fyld en lav skål med 1 kop sigtet pulveriseret sukker. Afkøl i omkring 5 minutter, og når de er kølige nok til at røre ved, rulles kagerne i flormelis og stilles til side på den bagepapirbeklædte rist til at køle helt af. Når det er afkølet, drys pulveriseret sukker i igen og opbevares i en lufttæt beholder.

DESSERT FEDE BOMBER

- **Napolitanske fede bomber**

  INGREDIENSER
- 1/2 kop smør
- 1/2 kop kokosolie
- 1/2 kop creme fraiche
- 1/2 kop flødeost
- 2 spsk. Erythritol
- 25 dråber flydende stevia
- 2 spsk. Kakao pulver
- 1 tsk. Vaniljeekstrakt
- 2 mellemstore jordbær

  VEJLEDNING
- I en skål kombineres smør, kokosolie, creme fraiche, flødeost, erythritol og flydende stevia.
- Brug en stavblender til at blende ingredienserne sammen til en jævn blanding.
- Fordel blandingen i 3 forskellige skåle. Tilsæt kakaopulver til en skål, jordbær til en anden skål og vanilje til den sidste skål.
- Bland igen alle ingredienserne med en stavblender. Adskil chokoladeblandingen i en beholder med en tud.
- Hæld chokoladeblandingen i fedtbombeformen. Stil i fryseren i 30 minutter, og gentag derefter med vaniljeblandingen.
- Frys vaniljeblandingen i 30 minutter, og gentag derefter processen med jordbærblandingen. Frys igen i mindst 1 time.
- Når de er helt frosne, fjernes de fra fedtbombeformene.

- **Ahorn & bacon fedt pops**

INGREDIENSER
1. 2 spsk kokossmør
2. Maple Bacon Cake Pops
3. 6 Oz. Burgers' Smokehouse Country Bacon
4. 5 store æg, adskilt
5. 1/4 kop ahornsirup
6. 1/2 tsk. Vaniljeekstrakt
7. 1/4 kop Erythritol
8. 1/4 tsk. Flydende Stevia
9. 1 kop Honeyville mandelmel
10. 2 spsk. Psyllium Husk pulver
11. 1 tsk. Bagepulver
12. 1/2 tsk. Fløde af tatar
13. Saltet karamelglasur 5 spsk. Smør
14. 5 spsk. Tung creme
15. 2 1/2 spsk. Torani sukkerfri saltet karamel

VEJLEDNING
1. Skive 6 Oz. Burgers' Smokehouse Country Bacon i små bidder.
2. Enten at fryse baconen i 30 minutter før, eller at bruge en saks hjælper normalt med denne proces.
3. Varm en pande op til middelhøj varme og steg baconen sprød.
4. Når den er sprød, fjerner du baconen fra gryden og lad den tørre på køkkenrulle. Gem overskydende baconfedt til at sautere grøntsager eller andet kød i det.
5. Forvarm ovnen til 325F. I 2 separate skåle skilles æggeblommerne fra æggehviderne fra 5 store æg.
6. I skålen med æggeblommerne tilsættes 1/4 kop ahornsirup, 1/4 kop erythritol, 1/4 tsk. flydende stevia, og 1/2 tsk. vaniljeekstrakt.
7. Brug en håndmixer til at blande dette sammen i cirka 2 minutter. Æggeblommerne skal blive lysere i farven.

8. Tilsæt 1 kop Honeyville mandelmel, 2 spsk. Psyllium husk pulver, 2 spsk. kokossmør, og 1 tsk. bagepulver.
9. Bland dette igen, indtil der dannes en tyk dej.
10. Vask piskerisene af håndmixeren i vasken for at sikre, at alle spor af fedtstof er vasket af piskerisene.
11. Tilsæt 1/2 tsk. fløde af tatar til æggehviderne.
12. Pisk æggehviderne med en håndmixer, indtil der dannes solide toppe.
13. Tilsæt 2/3 sprødt bacon i cake pop-dejen.
14. Tilsæt ca. 1/3 af æggehviderne i dejen og bland aggressivt sammen.

a) Kokosappelsin fedtbomber

INGREDIENSER

a) 1/2 kop kokosolie
b) 1/2 kop kraftig piskefløde
c) 4 oz. Flødeost
d) 1 tsk. Orange Vanilje Mio
e) dråber flydende stevia

VEJLEDNING

1. Mål kokosolie, tung fløde og flødeost af.
2. Brug en stavblender til at blande alle ingredienserne. Hvis du har svært ved at blande ingredienserne, kan du mikroovne dem i 30 sekunder til 1 minut for at blødgøre dem.
3. Tilsæt Orange Vanilla Mio og flydende stevia i blandingen, og bland sammen med en ske.
4. Fordel blandingen i en silikonebakke (Min er en fantastisk Avenger's Ice Cube Tray) og frys i 2-3 timer.
5. Når den er hærdet, fjernes den fra silikonebakken og opbevares i fryseren. Nyde!

a) Jalapeno bomber

INGREDIENSER

- 1 kop smør, blødgjort
- 3 oz. Flødeost
- 3 skiver bacon
- 1 mellemstor Jalapeno Peber
- 1/2 tsk. Tørret persille
- 1/4 tsk. Løg pulver
- 1/4 tsk. Hvidløgspulver
- Salt og peber efter smag
  VEJLEDNING
- Steg 3 skiver bacon på en pande til de er sprøde.
- Fjern bacon fra panden, men behold det resterende fedt til senere brug.
- Vent til bacon er afkølet og sprødt.
- Fjern frø af jalapenopeber, og skær derefter i små stykker.
- Kombiner flødeost, smør, jalapeno og krydderier. Smag til med salt og peber efter smag.
- Tilsæt baconfedtet og bland det sammen, indtil der er dannet en fast blanding.
- Smuldr bacon og kom på en tallerken. Rul flødeostblandingen til kugler med hånden, og rul derefter kuglen ind i baconen.

1. Pizza fedtbomber

INGREDIENSER

- 4 oz. Flødeost
- skiver Pepperoni
- udstenede sorte oliven
- 2 spsk. Soltørret tomatpesto

VEJLEDNING

a) Skær pepperoni og oliven i små stykker.
b) Bland basilikum, tomatpesto og flødeost sammen.
c) Tilsæt oliven og pepperoni i flødeosten og bland igen.
d) Form til kugler, og pynt derefter med pepperoni, basilikum og oliven.

2. Jordnøddesmør fedtbomber

INGREDIENSER

- 1/2 KOP kokosolie
- 1/4 kop kakaopulver
- spsk. PB Fit Powder
- spsk. Afskallede hampefrø
- 2 spsk. Tung creme
- 1 tsk. Vaniljeekstrakt
- 28 dråber flydende stevia
- 1/4 kop usødet strimlet kokosnød

VEJLEDNING

1. Bland alle de tørre ingredienser sammen med kokosolie. Det kan tage lidt arbejde, men det vil i sidste ende blive til en pasta.
2. Tilsæt tung fløde, vanilje og flydende stevia. Bland igen, indtil alt er blandet og let cremet.
3. Mål usødet revet kokos op på en tallerken.

4. Rul kugler ud med hånden og rul derefter i den usødede revne kokosnød. Lægges på en bageplade dækket med bagepapir. Stil i fryseren i cirka 20 minutter.

- **Ahorn pecan fede bombebarer**

INGREDIENSER

a) 2 kopper Pecan Halve
b) 1 kop mandelmel
c) 1/2 kop gyldent hørfrømel
d) 1/2 kop usødet strimlet kokosnød
e) 1/2 kop kokosolie
f) 1/4 kop "Ahornsirup"
g) 1/4 tsk. Flydende Stevia (~25 dråber)

VEJLEDNING

1. Mål 2 kopper pecan-halvdele ud og bag i 6-8 minutter ved 350F i ovnen. Lige nok til, når de begynder at blive aromatiske.
2. Fjern pekannødder fra ovnen, og tilsæt dem derefter i en plastikpose. Brug en kagerulle til at knuse dem i stykker. Det betyder ikke så meget om konsistensen,
3. Bland de tørre ingredienser i en skål: 1 kop mandelmel, 1/2 kop gyldent hørfrømel og 1/2 kop usødet strimlet kokosnød.
4. Tilsæt de knuste pekannødder til skålen og bland sammen igen.
5. Til sidst tilsættes 1/2 kop kokosolie, 1/4 kop "ahornsirup" (opskrift her) og 1/4 tsk. Flydende Stevia. Bland dette godt sammen indtil en smuldrende dej er dannet.
6. Tryk dejen ud i et ildfast fad. Jeg bruger en 11×7 bageform til dette.
7. Bages i 20-25 minutter ved 350F, eller indtil kanterne er let brunede.
8. Fjern fra ovnen; tillad delvis afkøling og afkøling i mindst 1 time (for at skære rent).
9. Skær i 12 skiver og fjern dem med en spatel.

- **Osteagtige baconbomber**

INGREDIENSER
- 3 oz. Mozzarella ost
- spsk. Mandelmel
- spsk. Smør, smeltet
- 3 spsk. Psyllium Husk pulver
- 1 stort æg
- 1/4 tsk. Salt
- 1/4 tsk. Friskkværnet sort peber
- 1/8 tsk. Hvidløgspulver
- 1/8 tsk. Løg pulver
- skiver bacon
- 1 kop olie, svinefedt eller talg (til stegning)

VEJLEDNING
1. Tilføj 4 oz. (halv) Mozzarella ost til en skål.
2. Mikroovn 4 spsk. smør i 15-20 sekunder eller til det er smeltet helt.
3. Mikroovn ost i 45-60 sekunder, indtil den er smeltet og klistret (bør være en
4. Tilsæt 1 æg og smør til blandingen og bland godt.
5. Tilsæt 4 spsk. mandelmel, 3 spsk. Psyllium husk, og resten af dine krydderier til blandingen (1/4 tsk. Salt, 1/4 tsk. Friskkværnet sort peber, 1/8 tsk. Hvidløgspulver og 1/8 tsk. Løgpulver).
6. Bland det hele sammen og hæld det ud på en silpat. Rul dejen ud, eller form dejen til et rektangel med dine hænder.
7. Fordel resten af osten over halvdelen af dejen og fold dejen over på langs.
8. Fold dejen igen lodret, så du danner en firkantet form.

9. Krymp kanterne med fingrene og pres dejen sammen til et rektangel. Du ønsker, at fyldet skal være tæt indeni.
10. Brug en kniv til at skære dejen i 20 firkanter.
11. Skær hver skive bacon i to, og læg derefter firkanten for enden af 1 stykke bacon.
12. Rul dejen stramt ind i baconen, indtil enderne overlapper hinanden. Du kan "strække" din bacon, hvis du har brug for det, inden du ruller.
13. Brug en tandstik til at sikre baconen, når du har rullet den.
14. Gør dette for hvert stykke dej, du har. Til sidst vil du have 20 osteagtige baconbomber.
15. Varm olie, svinefedt eller talg op til 350-375F og steg derefter de osteagtige baconbomber 3 eller 4 stykker ad gangen.

- **Karamel bacon Fat Pop**

INGREDIENSER
- Maple Bacon Cake Pops
- 6 Oz. Burgers' Smokehouse Country Bacon
- 5 store æg, adskilt 1/4 kop ahornsirup (opskrift her)
- 1/2 tsk. Vaniljeekstrakt 1/4 kop NU Erythritol 1/4 tsk. Flydende Stevia
- 1 kop Honeyville mandelmel
- 2 spsk. Psyllium Husk pulver
- 1 tsk. Bagepulver
- 2 spsk. Smør
- 1/2 tsk. Fløde af tatar
- Saltet karamelglasur 5 spsk. Smør
- 5 spsk. Tung creme
- 2 1/2 spsk. Torani sukkerfri saltet karamel

VEJLEDNING
a) Skive 6 Oz. Burgers' Smokehouse Country Bacon i små bidder.
b) Enten at fryse baconen i 30 minutter før, eller at bruge en saks hjælper normalt med denne proces.
c) Varm en pande op til middelhøj varme og steg baconen sprød.
d) Når den er sprød, fjerner du baconen fra gryden og lad den tørre på køkkenrulle. Gem overskydende baconfedt til at sautere grøntsager eller andet kød i det.
e) Forvarm ovnen til 325F. I 2 separate skåle skilles æggeblommerne fra æggehviderne fra 5 store æg.
f) I skålen med æggeblommerne tilsættes 1/4 kop ahornsirup (opskrift her), 1/4 kop erythritol, 1/4 tsk. flydende stevia, og 1/2 tsk. vaniljeekstrakt.
g) Brug en håndmixer til at blande dette sammen i cirka 2 minutter. Æggeblommerne skal blive lysere i farven.

h) Tilsæt 1 kop Honeyville mandelmel, 2 spsk. Psyllium husk pulver, 2 spsk. smør og 1 tsk. bagepulver.

i) Bland dette igen, indtil der dannes en tyk dej.

j) Vask piskerisene af håndmixeren i vasken for at sikre, at alle spor af fedtstof er vasket af piskerisene.

k) Tilsæt 1/2 tsk. fløde af tatar til æggehviderne.

l) Pisk æggehviderne med en håndmixer, indtil der dannes solide toppe.

m) Tilsæt 2/3 sprødt bacon i cake pop-dejen.

n) Tilsæt ca. 1/3 af æggehviderne i dejen og bland aggressivt sammen.

o)

3. Salte karamel cashew barer

Ingredienser:
- 2 kopper universalmel
- ½ tsk. bagepulver
- ½ tsk. salt
- 12 spsk. smør, ved stuetemperatur
- 6 spsk. usaltet smør, skåret i stykker
- 1 kop lys brun farin, fast pakket
- 1 stort æg
- 3 tsk. vaniljeekstrakt
- 1½ kopper granuleret sukker
- 1 kop tung fløde
- 2 kopper saltede, ristede cashewnødder

p) Forvarm ovnen til 340°F (171°C). Beklæd en 9×13-tommer (23×33 cm) bradepande med bagepapir og stil til side. Kombiner universalmel, bagepulver og ¼ tsk salt i en lille skål. Sæt til side.

q) I en mellemstor skål blandes 6 spsk smør, usaltet smør og lys brun farin med en elektrisk mixer ved medium hastighed i 5 minutter, indtil det er let og luftigt. Tilsæt æg og 1 tsk vaniljeekstrakt, og pisk i 2 minutter ved lav hastighed, indtil det er blandet.

r) Tilsæt melblandingen og pisk ved medium hastighed i 2 til 3 minutter. Tryk skorpeblandingen i den forberedte gryde. Afkøl i 30 minutter.

s) Opvarm granuleret sukker i en medium nonstick-gryde over medium varme. Når du ser sukker begynder at farve, rør indtil det er lysebrunt, cirka 5 til 7 minutter. Tilsæt forsigtigt fløde og rør til det er glat.

t) Skru ned for varmen til lav og tilsæt de resterende 6 spsk smør, de resterende 2 tsk vaniljeekstrakt og de resterende ¼ tsk salt. Rør indtil smørret er smeltet og tag det af varmen.

u) Rør cashewnødder i karamelblandingen. Hæld karamel-cashewblandingen i gryden oven på den afkølede skorpe.

Bages i 20 minutter, indtil de er sat. Lad det køle grundigt af inden skæring.

4. Pistacie karameller

Ingredienser:
- ½ kop smør
- 2 kopper mørk brun farin, fast pakket
- ½ kop mørk majssirup
- 2 kopper tung fløde
- ¼ tsk. salt
- 1 kop hakkede pistacienødder, ristede
- 2 tsk. vaniljeekstrakt

Vejbeskrivelse
h) Beklæd en 8-tommer (20 cm) firkantet pande med aluminiumsfolie, spray med nonstick-spray og stil til side.
i) Smelt smør i en mellemstor gryde ved lav varme. Tilsæt mørk brunt sukker, mørk majssirup, 1 kop tung fløde og salt. Bring i kog, under omrøring af og til, i 12 til 15 minutter, eller indtil blandingen når 225 °F (110 °C) på et sliktermometer.
j) Tilsæt langsomt den resterende 1 kop tung fløde. Bring blandingen i kog og kog i 15 minutter mere, eller indtil den når 250°F (120°C). Fjern fra varmen og tilsæt pistacienødder og vaniljeekstrakt. Hæld i den forberedte gryde.
k) Afkøl i mindst 3 timer, før du tager den af folien og skærer i 48 stykker.
l) Skær vokspapir i 48 3-tommer (7,5 cm) firkanter. Placer hver karamel i midten af en vokspapirfirkant, rul papiret op omkring karamel, og drej enderne af papiret.

5. Key lime firkanter

Ingredienser:
- 4 spsk. usaltet smør, ved stuetemperatur
- 4 spsk. smør, ved stuetemperatur
- ½ kop konditorsukker
- 2 kopper plus 5 spsk. universal mel
- 1 tsk. vaniljeekstrakt
- Knib salt
- 4 store æg, let pisket
- 1¾ kopper granuleret sukker
- ¼ kop Key lime juice
- 1 spsk. revet limeskal

Vejbeskrivelse
15. Forvarm ovnen til 340°F (171°C). Beklæd en 9×13-tommer (23×33 cm) bradepande let med nonstick-spray og sæt til side.
16. I en stor skål, pisk usaltet smør, smør og konditorsukker med en elektrisk mixer ved medium hastighed i 3 til 4 minutter eller indtil lys og luftig.
17. Tilsæt universalmel, vaniljeekstrakt og salt, og bland i 2 til 3 minutter mere eller indtil det er godt blandet.
18. Tryk dejen ned i bunden af den forberedte gryde. Bages i 20 til 23 minutter, indtil lys gyldenbrun. Lad skorpen køle af i 10 minutter.
19. I en stor skål piskes æg og perlesukker sammen. Tilsæt Key lime juice og limeskal, og pisk godt.
20. Hæld blandingen over den afkølede skorpe og bag i 23 til 25 minutter, eller indtil den er sat. Afkøl helt inden du skærer i 12 firkanter.
21. Opbevaring: Opbevares tæt pakket ind i plastfolie i køleskabet i op til 5 dage.

6. Hvid chokolade granola bites

Ingredienser:
- 1½ kop granola
- 3 spsk. smør, smeltet
- 2 kopper hvid chokolade smelter

Vejbeskrivelse
6. Forvarm ovnen til 250°F (120°C). Bland granola og 2 spsk smør på en bageplade med kant. Sæt bagepladen i ovnen i 5 minutter.
7. Fjern bagepladen og rør, indtil granola er helt blandet med smør. Sæt bagepladen tilbage i ovnen i 15 minutter under omrøring hvert 5. minut. Tag ud af ovnen og lad granola køle helt af.
8. I en dobbelt kedel over medium varme, kombinere hvid chokolade smelter og resterende 1 spsk smør. Rør i 5 til 7 minutter, eller indtil hvid chokolade er helt smeltet og grundigt kombineret med smør. Fjern fra varmen.
9. Rør afkølet granola i hvid chokoladeblanding. Hæld spiseskefulde på bagepapir og lad dem køle helt af inden servering.
10. Opbevaring: Opbevares i en lufttæt beholder ved stuetemperatur i op til 1 uge.

7. Kandiserede bacon toffee firkanter

Ingredienser:
- 8 skiver bacon
- ¼ kop lys brun farin, fast pakket
- 8 spsk. smør, blødgjort
- 2 spsk. usaltet smør, blødgjort
- ⅓ kop mørk brun farin, fast pakket
- ⅓ kop konditorsukker
- 1½ kop universalmel
- ½ tsk. salt
- ½ kop toffee stykker
- 1 kop mørk chokoladechips
- ⅓ kop hakkede mandler

Vejbeskrivelse
6. Forvarm ovnen til 350°F (180°C). I en mellemstor skål, smid bacon og lys brun farin, og anret i et enkelt lag på en bageplade.
7. Bages i 20 til 25 minutter, eller indtil bacon er gyldent og sprødt. Tag den ud af ovnen og lad den køle af i 15 til 20 minutter. Skær i små stykker.
8. Reducer ovntemperaturen til 340°F (171°C). Beklæd en 9×13-tommer (23×33 cm) bradepande med aluminiumsfolie, spray med nonstick-spray og stil til side.
9. I en stor skål blandes smør, usaltet smør, mørk brun farin og konditorsukker med en elektrisk mixer ved medium hastighed, indtil det er lyst og luftigt. Tilsæt universalmel og salt gradvist, bland indtil det lige er blandet. Rør ¼ kop toffee stykker i, indtil de er fordelt jævnt.
10. Tryk dejen ned i den forberedte gryde og bag den i 25 minutter eller indtil den er gyldenbrun. Tag ud af ovnen, drys med mørk chokoladechips, og lad stå i 3 minutter, eller indtil chipsene er bløde.
11. Fordel blødgjort chokolade jævnt ovenpå og drys med mandler, kandiseret bacon og de resterende ¼ kop toffee. Lad

den køle af i 2 timer eller indtil chokoladen er stivnet. Skær i 16 2-tommer (5 cm) firkanter.

12. Opbevaring: Opbevares i en lufttæt beholder i køleskabet i op til 1 uge.

8. Karamel Valnød Dream Bars

Ingredienser:
- 1 æske gul kagemix
- 3 spsk smør blødgjort
- 1 æg
- 14 ounce sødet kondenseret mælk
- 1 æg
- 1 tsk ren vaniljeekstrakt
- 1/2 kop valnødder fint malet
- 1/2 kop fintmalede toffee stykker

Rutevejledning:
h) Forvarm ovnen til 350°C. Forbered en rektangulær kageform med madlavningsspray og stil den til side.
i) Bland kageblandingen, smør og et æg i en røreskål, og bland derefter til det er smuldrende. Tryk blandingen på bunden af den tilberedte gryde og sæt den til side.
j) I en anden røreskål kombineres mælk, resterende æg, ekstrakt, valnødder og toffeebits.
k) Bland godt og hæld over bunden i gryden. Bages i 35 minutter.

9. Kroniske pecanstænger

INGREDIENSER

- 2 kopper Pecan Halve
- 1 kop Cassava Mel
- 1/2 kop gyldent hørfrømel
- 1/2 kop usødet strimlet kokosnød
- 1/2 kop Cana-kokosolie
- 1/4 kop honning
- 1/4 tsk. Flydende Stevia

VEJLEDNING

16. Mål 2 kopper pecan-halvdele ud og bag i 6-8 minutter ved 350F i ovnen. Lige nok til, når de begynder at blive aromatiske.
17. Tag pekannødder ud af ovnen, og kom dem derefter i en plastikpose. Brug en kagerulle til at knuse dem i stykker. Det betyder ikke så meget om konsistensen,
18. Bland de tørre ingredienser i en skål: 1 kop maniokmel, 1/2 kop gyldent hørfrømel og 1/2 kop usødet strimlet kokosnød.
19. Tilsæt de knuste pekannødder til skålen og bland sammen igen.
20. Til sidst tilsættes 1/2 kop Cana kokosolie, 1/4 kop honning og 1/4 tsk. Flydende Stevia. Bland dette godt sammen, indtil der er dannet en smuldrende dej.
21. Tryk dejen ud i et ildfast fad.
22. Bages i 20-25 minutter ved 350F, eller indtil kanterne er let brunede.
23. Fjern fra ovnen; tillad delvis afkøling og afkøling i mindst 1 time.
24. Skær i 12 skiver og fjern dem med en spatel.

16. Mandelsmør chia firkanter

INGREDIENSER
- 1/2 kop rå mandler
- 1 spsk. + 1 tsk. Kokosolie
- spsk. NU Erythritol
- 2 spsk. Smør
- 1/4 kop Heavy Cream
- 1/4 tsk. Flydende Stevia
- 1 1/2 tsk. Vaniljeekstrakt

VEJLEDNING

4   Tilsæt 1/2 kop rå mandler til en pande og rist i cirka 7 minutter ved medium-lav varme. Lige nok til at du begynder at lugte nødden, der kommer ud.

5   Kom nødderne i foodprocessoren og mal dem.

6   Når de når en melet konsistens, tilsættes 2 spsk. NU Erythritol og 1 tsk. Kokosolie.

7   Fortsæt med at male mandler, indtil mandelsmør er dannet smør er brunet.

8   Når smørret er brunet, tilsæt 1/4 kop Heavy Cream, 2 spsk. NU Erythritol, 1/4 tsk. Flydende Stevia og 1 1/2 tsk. Vaniljeekstrakt til smørret. Skru ned for varmen og rør godt rundt, mens fløden bobler.

9   Kværn 1/4 kop chiafrø i en krydderikværn, indtil der er dannet et pulver.

10 Begynd at riste chiafrø og 1/2 kop usødede strimlede kokosflager i en gryde på medium lav temperatur. Du vil have kokosnødden til at brune lidt.

11 Tilsæt mandelsmør til smør- og flødeblandingen og rør det godt ind. Lad det koge ned til en pasta.

12 Tilsæt mandelsmørblandingen, ristet chia og kokosblanding og 1/2 kop kokoscreme i en firkantet (eller hvilken størrelse du ønsker) bageform. Du kan tilføje kokoscremen til en gryde for at smelte den lidt, før du tilføjer den.

13 Tilsæt 1 spsk. Kokosolie og 2 spsk. Kokosmel og bland det hele godt sammen.

14 Brug fingrene til at pakke blandingen godt ned i bageformen.

15 Stil blandingen på køl i mindst en time og tag den derefter ud af bageformen. Det burde holde form nu.

16 Skær blandingen i firkanter eller en hvilken som helst form, og sæt den tilbage i køleskabet i mindst et par timer mere. Du kan bruge overskydende blanding til at danne flere firkanter, men jeg spiste det i stedet for.

17 Tag ud og snack på det, som du vil!

16. Chiafrø Nuggets

INGREDIENSER
- 2 spsk kokosolie
- 1/2 kop Chiafrø, malet
- 3 oz. Strimlet cheddarost
- 1 1/4 kop isvand
- 2 spsk. Psyllium Husk pulver
- 1/4 tsk. Xanthan Gum
- 1/4 tsk. Hvidløgspulver
- 1/4 tsk. Løg pulver
- 1/4 tsk. Oregano
- 1/4 tsk. Paprika
- 1/4 tsk. Salt
- 1/4 tsk. Peber

VEJLEDNING

5. Forvarm ovnen til 375F. Kværn 1/2 kop Chiafrø i en krydderikværn. Du vil have et måltid som tekstur.
6. Tilsæt malede Chiafrø, 2 spsk. Psyllium Husk Pulver, 1/4 tsk. Xanthangummi, 1/4 tsk. Hvidløgspulver, 1/4 tsk. Løgpulver, 1/4 tsk. Oregano, 1/4 tsk. Paprika, 1/4 tsk. Salt og 1/4 tsk. Peber til en skål. Bland dette godt sammen.
7. Tilsæt 2 spsk. Kokosolie til de tørre ingredienser og bland det sammen. Det skal blive til konsistensen af vådt sand.
8. Tilsæt 1 1/4 kop iskoldt vand til skålen. Bland det meget godt sammen. Du skal muligvis bruge ekstra tid på at blande det sammen, da chiafrøene og Psyllium tager lidt tid at absorbere vandet. Bliv ved med at blande indtil en fast dej er dannet.
9. Riv 3 oz. Cheddarost og tilsæt det til skålen.
10. Brug hænderne til at ælte dejen sammen. Du vil have, at den er forholdsvis tør og ikke klistret, når du er færdig.
11. Læg dejen på en silpat og lad den trække et par minutter.

12. Fordel eller rul dejen tyndt ud, så den dækker hele silpaten. Hvis du kan få det tyndere, fortsæt med at rulle og gem det overskydende til endnu en kogning.
13. Bages i 30-35 minutter i ovnen, indtil de er gennemstegte.
14. Tag dem ud af ovnen, og mens de er varme skæres de i individuelle kiks.
15. Du kan enten bruge den stumpe kant af en kniv (skær ikke i silikonen), eller en stor spatel.
16. Sæt kiksene tilbage i ovnen i 5-7 minutter på stegning eller indtil toppen er brunet og godt sprød. Tag ud af ovnen og sæt på en rist til afkøling. Når de afkøles, bliver de sprødere.
17. Server med dine yndlingssaucer. Jeg bruger min ristede hvidløg Chipotle Aioli.

18. Chokoladeprotein nøddebarer

Portioner: 12 barer Tilberedningstid: 1 time

Ingredienser:

- 100% rent nøddesmør, 250 g
- Brændt wattles frø, 1 ½ tsk
- Fedtfri yoghurt, 110 g
- 100% Valleproteinpulver, 100 g
- Kanel, 1½ tsk
- Rå kakaonibs, 4 teskefulde
- 85% mørk chokolade, 100 g
- Ren vaniljeekstrakt, 1 spsk
- 100% Ærteproteinpulver, 30 g

Metode:

e) Tilsæt alle ingredienserne undtagen chokolade til foodprocessoren og puls det til en jævn masse.

f) Lav 12 barer af blandingen og stil dem på køl i 30 minutter.

g) Når stængerne er faste, smelt chokoladen i mikrobølgeovnen og dyp hver stang i den og overtræk godt.

h) Arranger overtrukne stænger på en foret plade og stil på køl igen i 30 minutter, eller indtil chokoladen er fast.

i) Nyde.

19. Tyske chokoladeproteinbarer

Portioner: 12 barer
Forberedelsestid: 2 timer 20 minutter
Ingredienser:

- Havre, 1 kop
- Strimlet kokosnød, ½ kop + ¼ kop, delt
- Sojaproteinpulver, ½ kop
- Pekannødder, ½ kop + ¼ kop, hakkede, opdelt
- Vand, op til ¼ kop
- Kakaopulver, ¼ kop
- Vaniljeekstrakt, 1 tsk
- Kakaonibs, 2 spsk
- Salt, ¼ tsk
- Medjool dadler, 1 kop, udstenede og udblødt i 30 minutter

Metode:

i) Bearbejd havre indtil fint mel, tilsæt derefter kakaopulver og proteinpulver, bearbejd igen.

j) Dræn imens dadlerne og kom dem i foodprocessoren. Puls i 30 sekunder og tilsæt derefter ½ kop revet kokosnød og ½ kop pekannød efterfulgt af salt og vanilje.

k) Bearbejd igen og bliv ved med at tilføje vand lidt efter lidt og form dejen.

l) Læg dejen i en stor skål og tilsæt de resterende pekannødder og kokosnødder efterfulgt af kakaonibs.

m) Læg dejen på bagepapir og dæk den med et andet pergament og form en tyk firkant.

n) Stil den på køl i 2 timer, fjern derefter bagepapiret og skær den i 12 stænger af den ønskede længde.

20. Blueberry Bliss proteinbarer

Ingredienser:

- 100% ren uforurenet havregryn, 1 + ½ kop
- Pepitas, 1/3 kop
- Hele mandler, ¾ kop
- Usødet æblemos ¼ kop
- Tørrede blåbær, ½ dynger kop
- Solsikkefrø, ¼ kop
- Mandelsmør, 1 kop
- Ahornsirup, 1/3 kop
- Valnødder, 1/3 kop
- Pistacienødder, ½ kop
- Malet hørfrø, 1/3 kop

Metode:

p) Beklæd en bradepande med vokspapir og stil den til side.
q) I en stor skål kombineres havregryn, mandler, solsikkefrø, tørrede bær, valnødder, pistacienødder, hørfrø og pepitas.
r) Dryp æblemos og ahornsirup på toppen og bland godt.
s) Tilsæt nu smør og rør det godt sammen.
t) Overfør dejen til gryden og jævn den ud fra toppen.
u) Frys i en time. Når blandingen er helt sat, vendes den ud på bordet.
v) Skær i den ønskede tykkelse og længde i 16 barer.

21. Chocolate Chip Peanut ButterProteinbarer

Ingredienser:
- Kokosmel, ¼ kop
- Vanilje creme stevia, 1 tsk
- Jordnøddemel, 6 spsk
- Vaniljeekstrakt, 1 tsk
- Salt, ¼ tsk
- Miniature chokoladechips, 1 spsk
- Kokosolie, 1 tsk, smeltet og afkølet let
- Sojaproteinisolat, 6 spsk
- Usødet cashewmælk, ½ kop + 2 spsk

Metode:
h) Beklæd en brødform med vokspapir. Hold til side.
i) Kombiner begge mel med sojaprotein og salt.
j) I en anden skål røres kokosmælk med stevia, cashewmælk og vanilje. Hæld denne blanding gradvist i melblandingen og pisk godt sammen.
k) Tilsæt nu ½ chokoladechips og vend dem forsigtigt i blandingen.
l) Overfør blandingen til forberedt brødform og fordel jævnt med en spatel.
m) Top med de resterende chokoladechips og frys i 3 timer.
n) Skær i ønsket tykkelse og længde.

22. Rå græskar hampfrøproteinbarer

Ingredienser:
- Medjool dadler, ½ kop, udstenede
- Vaniljeekstrakt, ½ tsk
- Græskarkerner, ¼ kop
- Salt, ¼ tsk
- Kanel, ½ tsk
- Hampefrø smør, ½ kop
- Muskatnød, ¼ tsk
- Vand, ¼ kop
- Rå havre, 2 kopper
- Chiafrø, 2 spsk

Metode:
g) Beklæd en bradepande med bagepapir og hold til side, Udblød dadler i 30 minutter og blend, indtil de er glatte.

h) Overfør blandingen til en skål og tilsæt hampsmør og bland godt.

i) Tilsæt nu de resterende ingredienser og vend forsigtigt i, så det bliver godt indarbejdet.

j) Overfør til gryden og jævn ud med en spatel.

k) Stil i køleskabet i 2 timer og skær derefter i 16 barer.

23. Ingefær Vanilje Protein CrunchBars

Ingredienser:

- Smør, 2 spsk
- Havre, 1 kop
- Rå mandler, ½ kop, hakkede
- Kokosmælk, ¼ kop
- Strimlet kokos, ¼ kop
- Proteinpulver (vanilje), 2 skeer
- Ahornsirup, ¼ kop
- Krystalliseret ingefær, ½ kop, hakket
- Cornflakes, 1 kop, stødt til store krummer Solsikkefrø, ¼ kop

Metode:

b) Smelt smør i en gryde og tilsæt ahornsirup. Rør godt rundt.
c) Tilsæt mælk efterfulgt af proteinpulver og rør godt sammen. Når blandingen ændrer sig til en jævn konsistens, sluk for varmen.
d) Tilsæt solsikkekerner, mandler, havre, cornflakes og ¾ ingefærstykker i en stor skål.
e) Hæld blandingen på de tørre ingredienser og bland godt.
f) Overfør til en brødform tilberedt med vokspapir og fordel i et jævnt lag.
g) Top med resterende ingefær og kokos. Bag i 20 minutter ved 325 F. Lad det køle af, før det skæres i skiver.

24. Peanut Butter Pretzel Bars

Ingredienser:
- Sojachips, 5 kopper
- Vand, ½ kop
- Mini kringle twists, 6, groft hakket
- Pulveriseret jordnøddesmør, 6 spsk
- Jordnødder, 2 spsk, groft hakket
- Sojaproteinpulver, 6 spsk
- Jordnøddesmørchips, 2 spsk, skåret i halve Agave, 6 spsk

Metode:
g) Sprøjt en bradepande med madlavningsspray og stil til side.
h) Bearbejd sojacrisps i foodprocessor og tilsæt i en skål.
i) Tilsæt proteinpulver og bland.
j) Varm en gryde op og tilsæt vand, agave og pulveriseret smør. Rør rundt under tilberedning ved middel varme i 5 minutter. Lad blandingen koge et par sekunder derefter og sojablandingen under konstant omrøring.
k) Overfør blandingen til den forberedte gryde og top med kringler, jordnødder og jordnøddesmørchips.
l) Stil på køl til den er fast. Skær i stænger og nyd.

25. Tranebærmandelproteinbarer

. Ingredienser:

- Brændte havsalt mandler, 2 kopper
- Usødede kokosflager, ½ kop
- Puffede riskorn, 2/3 kopper
- Vaniljeekstrakt, 1 tsk
- Tørrede tranebær, 2/3 kopper
- Hampefrø, 1 dynger spsk
- Brune rissirup, 1/3 kop honning, 2 spsk

Metode:

b) Kombiner mandler med tranebær, hampefrø, riskorn og kokosnød. Hold til side.

c) Tilsæt honning i en gryde efterfulgt af vanilje og rissirup. Rør og kog i 5 minutter.

d) Hæld saucen over de tørre ingredienser og rør hurtigt sammen.

e) Overfør blandingen til en forberedt bageplade og fordel i et jævnt lag.

f) Stil på køl i 30 minutter.

g) Når de er sat, skær dem i stænger i den ønskede størrelse og nyd dem.

26. Triple Chokolade Protein CakeBars

Ingredienser:
- Havremel, 1 kop
- Bagepulver, ½ tsk
- Mandelmælk, ¼ kop
- Chokoladevalleproteinpulver, 1 ske
- Stevia bageblanding, ¼ kop
- Mandelmel, ¼ kop
- Mørke chokoladechips, 3 spsk
- Salt, ¼ tsk
- Valnødder, 3 spsk, hakket
- Usødet mørkt kakaopulver, 3 spsk
- Usødet æblemos, 1/3 kop
- Æg, 1
- Almindelig græsk yoghurt, ¼ kop
- Flydende æggehvider, 2 spsk
- Vaniljevalleproteinpulver, 1 ske

Metode:
f) Forvarm ovnen til 350 F.
g) Smør en bradepande med madlavningsspray og stil den til side.
h) I en stor skål kombineres begge mel med salt, bagepulver, både proteinpulver og mørk kakaopulver. Hold til side.
i) I en anden skål piskes æg med stevia og piskes, indtil de er godt blandet, tilsæt derefter de resterende våde ingredienser og pisk igen.
j) Rør gradvist den våde blanding i den tørre blanding og pisk godt for at kombinere.
k) Tilsæt valnødder og chokoladechips, fold dem forsigtigt sammen.
l) Overfør blandingen til forberedt gryde og bag i 25 minutter.

m) Lad den køle af, inden den tages ud af gryden og skæres i skiver

27. Hindbær-chokoladebarer

Ingredienser:

- Jordnødde- eller mandelsmør, ½ kop
- Hørfrø, ¼ kop
- Blå agave, 1/3 kop
- Chokoladeproteinpulver, ¼ kop
- Hindbær, ½ kop
- Instant havregryn, 1 kop

Metode:

d) Kombiner jordnøddesmør med agave og kog over lav varme under konstant omrøring.
e) Når blandingen danner en glat tekstur, tilsættes den til havre, hørfrø og protein. Bland godt.
f) Tilsæt hindbær og fold det forsigtigt.
g) Overfør dejen til den forberedte gryde og frys i en time.
h) Skær i 8 barer, når de er faste og nyd.

28. Peanut Butter Cookie Dough Bars

Ingredienser:

- Havregryn, ¼ kop
- Jordnøddesmør, 3 spsk
- Proteinpulver, ½ kop
- Salt, en knivspids
- Store Medjool-datoer, 10
- Rå cashewnødder, 1 kop
- Ahornsirup, 2 spsk. Hele jordnødder, til pynt

Metode:

u) Puls havre i foodprocessor til fint mel.
v) Tilsæt nu alle ingredienserne undtagen hele jordnødder og bearbejd indtil glat.
w) Smag og foretag eventuelle justeringer, hvis du har lyst.
x) Overfør blandingen til en brødform og top med hele jordnødder.
y) Stil på køl i 3 timer. Når blandingen er fast, læg den på køkkenbordet og skær den i 8 barer af den ønskede længde.

29. Müsli proteinbarer

Ingredienser:

- Usødet mandelmælk, ½ kop
- Honning, 3 spsk
- Quinoa, ¼ kop, kogt
- Chiafrø, 1 tsk
- Mel, 1 spsk
- Chokoladeproteinpulver, 2 skeer
- Chokoladechips, ¼ kop
- Kanel, ½ tsk
- Moden banan, ½, moset
- Mandler, ¼ kop, skåret i skiver
- Müsli, 1 ½ kop, af dit yndlingsmærke

Metode:

j) Forvarm ovnen til 350 F.

k) Rør mandelmælk med bananmos, chiafrø og honning i en mellemstor skål og hold til side.

l) Bland de resterende ingredienser i en anden skål og vend godt rundt.

m) Hæld nu mandelmælksblanding over de tørre ingredienser og fold det hele godt sammen.

n) Kom dejen over i en gryde og bag i 20-25 minutter.

o) Lad den køle af, inden den tages ud af gryden og skæres i skiver.

30. Gulerodskage proteinbarer

Ingredienser:
Til barerne:

- Havremel, 2 kopper
- Mælkefri mælk, 1 spsk
- Blandet krydderi, 1 tsk
- Vaniljeproteinpulver, ½ kop
- Gulerødder, ½ kop, mosede
- Kanel, 1 spsk
- Kokosmel, ½ kop, sigtet
- Brune rissirup, ½ kop
- Valgfrit granuleret sødemiddel, 2 spsk
- Mandelsmør, ¼ kop

Til frostingen:

- Vaniljeproteinpulver, 1 ske
- Kokosmælk, 2-3 spsk
- Flødeost, ¼ kop

Metode:

f) For at forberede proteinbarer kombineres mel med blandet krydderi, proteinpulver, kanel og sødemiddel.

g) I en anden, men bland smør med flydende sødemiddel og mikroovn i et par sekunder, indtil det er smeltet.

h) Overfør denne blanding til melskålen og bland godt.

i) Tilsæt nu gulerødder og fold forsigtigt.

j) Tilsæt nu mælk gradvist under konstant omrøring, indtil den ønskede konsistens er opnået.

k) Overfør til en forberedt gryde og stil på køl i 30 minutter.

l) Forbered imens frosting og kombiner proteinpulver med flødeost.

m) Tilsæt gradvist mælk og rør godt for at få den ønskede konsistens.

n) Når blandingen er stivnet, skær i skiver af den ønskede længde og skum frosting over hver bar.

31. Appelsin- og Gojibærbarer

Ingredienser:

- Vaniljevalleproteinpulver, ½ kop
- Appelsinskal, 1 spsk, revet
- Malede mandler, ¾ kop
- 85% mørk chokolade, 40 g, smeltet
- Kokosmælk, ¼ kop
- Kokosmel, ¼ kop
- Chilipulver, 1 tsk
- Vaniljeessens, 1 spsk
- Goji bær, ¾ kop

Metode:

g) Kom proteinpulver med kokosmel i en skål.
h) Tilsæt de resterende ingredienser til melblandingen.
i) Rør mælk og rør godt sammen.
j) Form stangforme af dejen og anret dem på en plade.
k) Smelt chokolade og afkøl den i et par minutter og dyp derefter hver bar i smeltet chokolade og anret den på bagepladen.
l) Stil på køl til chokoladen er helt fast.
m) Nyde.

32. Jordbær moden proteinbar

Ingredienser:

- Frysetørrede jordbær, 60 g
- Vanilje, ½ tsk
- Usødet strimlet kokosnød, 60 g
- Usødet mandelmælk, 60 ml
- Uleproteinpulver uden smag, 60 g Mørk chokolade, 80 g

Metode:

j) Bearbejd de tørrede jordbær, indtil de er malet, og tilsæt derefter valle, vanilje og kokos. Behandl igen, indtil der er dannet en finmalet blanding.

k) Rør mælk i blandingen og forarbejd indtil alt er godt indarbejdet.

l) Beklæd en brødform med vokspapir og overfør blandingen deri.

m) Brug en spatel til at fordele blandingen jævnt.

n) Stil på køl indtil blandingen er stivnet.

o) Mikrobølgeovn mørk chokolade i 30 sekunder. Rør godt rundt, indtil det er glat og helt smeltet.

p) Lad chokoladen køle lidt af og skær imens jordbærblandingen i otte barer af den ønskede tykkelse.

q) Dyp nu hver bar i chokoladen en efter en og overtræk godt.

r) Arranger belagte stænger på en linje bageplade. Når alle stængerne er overtrukket, stil dem på køl, indtil chokoladen er stivnet og fast.

33. Mokka proteinbarer

Ingredienser:

- Mandelmel, 30 g
- Kokosmel, 30 g
- Espresso, 60 g, friskbrygget og afkølet
- Utilsat valleproteinisolat, 60 g
- Kokossukker, 20 g
- Usødet kakaopulver, 14 g
- Mørk chokolade med 70%-85% kakaotørstof, 48 g

Metode:

d) Bland alle de tørre ingredienser sammen.

e) Rør espresso og pisk godt sammen uden at efterlade klumper.

f) Blandingen bliver til en glat kugle på dette tidspunkt.

g) Del det i seks lige store stykker og form hvert stykke til en bar. Arranger stængerne på et ark og dæk det med plastik. Stil på køl i en time.

h) Når stængerne er sat, mikroovn mørk chokolade og rør indtil smeltet.

i) Overtræk hver bar i smeltet chokolade og anbring på en voksbeklædt bageplade.

j) Dryp den resterende chokolade ovenpå i et hvirvelmønster og stil på køl igen, indtil chokoladen er fast.

34. Bananchokoladeproteinbarer

Ingredienser:

- Frysetørret banan, 40 g
- Mandelmælk, 30 ml
- Proteinpulverisolat med banansmag, 70 g
- 100% jordnøddesmør, 25 g
- Glutenfri havregryn, 30 g
- 100% chokolade, 40 g
- Sødemiddel, efter smag

Metode:

f) Kværnet banan i foodprocessor. Tilsæt nu proteinpulver og havre, bearbejd igen, indtil det er fint jordet.

g) Rør de resterende ingredienser undtagen chokolade og bearbejd igen indtil glat.

h) Overfør blandingen til en foret brødform og dæk med plastik. Stil på køl til den er fast.

i) Når stængerne er sat, skæres i fire stænger.

j) Smelt nu chokolade i mikroovnen og lad den køle lidt af, inden du dypper hver bananbar i den. Overtræk godt og stil barerne på køl igen, indtil chokoladen er fast.

35. Heavenly Raw Bars

Ingredienser:
- Kokosmælk, 2 spsk
- Usødet kakaopulver efter behov
- Proteinpulver, 1 ½ ske
- Hørfrømel, 1 spsk

Metode:
a) Bland alle ingredienserne sammen.
b) Smør en bradepande med langt-fri madlavningsspray og kom dejen over i den.
c) Lad blandingen stå ved stuetemperatur, indtil den er fast.

36. Monsterstænger

- 1/2 c. smør, blødgjort
- 1 c. brun farin, pakket
- 1 c. sukker
- 1-1/2 c. cremet jordnøddesmør
- 3 æg, pisket
- 2 t. vaniljeekstrakt
- 2 t. bagepulver
- 4-1/2 c. hurtigkogt havre, ukogt
- 1 c. halvsøde chokoladechips
- 1 c. chokolade overtrukket med slik

g) I en stor skål blandes alle ingredienserne i den angivne rækkefølge. Fordel dejen i en smurt 15"x10" gelérulleform.

h) Bages ved 350 grader i 15 minutter, eller indtil de er let gyldne.

i) Afkøl og skær i stænger. Gør omkring 1-1/2 dusin.

37. Blueberry Crumble Bars

- 1-1/2 c. sukker, delt
- 3 c. universal mel
- 1 t. bagepulver
- 1/4 t. salt
- 1/8 t. kanel
- 1 c. afkortning
- 1 æg, pisket
- 1 T. majsstivelse
- 4 c. blåbær

a) Rør en kop sukker, mel, bagepulver, salt og kanel sammen.
b) Brug en konditorkutter eller -gaffel til at skære fedtstof og æg i; dejen bliver smuldrende.
c) Klap halvdelen af dejen ind i en smurt 13"x9" bradepande; lægges til side.
d) I en separat skål, rør sammen majsstivelse og resterende sukker; fold forsigtigt bærrene i.
e) Drys blåbærblandingen jævnt over dejen i gryden.
f) Smuldr den resterende dej over toppen. Bages ved 375 grader i 45 minutter, eller indtil toppen er let gylden. Afkøl helt inden du skærer i firkanter. Gør et dusin.

38. Gumdrop barer

- 1/2 c. smør, smeltet
- 1/2 t. bagepulver
- 1-1/2 c. brun farin, pakket
- 1/2 t. salt
- 2 æg, pisket
- 1/2 c. hakkede nødder
- 1-1/2 c. universal mel
- 1 c. gummidråber, hakket
- 1 t. vaniljeekstrakt
- Pynt: pulveriseret sukker
- f) I en stor skål blandes alle ingredienserne undtagen pulveriseret sukker.
- g) Fordel dejen i en smurt og meldrysset 13"x9" bradepande. Bages ved 350 grader i 25 til 30 minutter, indtil de er gyldne.
- h) Drys med flormelis. Afkøle; skåret i stænger. Gør 2 dusin.

39. Salted Nut Roll Bars

- 18-1/2 oz. pkg. gul kageblanding
- 3/4 c. smør, smeltet og delt
- 1 æg, pisket
- 3 c. mini skumfiduser
- 10 oz. pkg. peanutbutter chips
- 1/2 c. let majssirup
- 1 t. vaniljeekstrakt
- 2 c. saltede jordnødder
- 2 c. sprøde riskorn

b) I en skål blandes tør kageblanding, 1/4 kop smør og æg sammen; pres dejen i en smurt 13"x9" bradepande. Bages ved 350 grader i 10 til 12 minutter.

c) Drys skumfiduser over bagt skorpe; tilbage til ovnen og bag i yderligere 3 minutter, eller indtil skumfiduserne er smeltet. I en gryde ved middel varme smeltes jordnøddesmørchips, majssirup, resterende smør og vanilje.

d) Rør nødder og korn i. Fordel jordnøddesmørblandingen over skumfiduslaget. Chill indtil fast; skåret i firkanter. Gør 2-1/2 dusin.

40. Schwarzwald Kirsebærbarer

- 3 21-oz. dåser kirsebærtærtefyld, delt
- 18-1/2 oz. pkg. chokoladekageblanding
- 1/4 c. olie
- 3 æg, pisket
- 1/4 c. brandy eller kirsebærjuice med kirsebærsmag
- 6 oz. pkg. halvsøde chokoladechips
- Valgfrit: pisket topping

f) Stil 2 dåser tærtefyld på køl, indtil de er afkølet. Brug en elektrisk røremaskine ved lav hastighed og pisk den resterende dåse med tærtefyld, tør kageblanding, olie, æg og brandy eller kirsebærjuice sammen, indtil det er godt blandet.

g) Rør chokoladechips i.

h) Hæld dejen i en let smurt 13"x9" bradepande. Bages ved 350 grader i 25 til 30 minutter, indtil en tandstikker tester ren; chill. Før servering fordeles det afkølede tærtefyld jævnt over toppen.

i) Skær i stænger og server med pisket topping, hvis det ønskes. Serverer 10 til 12.

41. Tranebær popcorn barer

- 3-oz. pkg. mikroovn popcorn, poppet
- 3/4 c. hvide chokolade chips
- 3/4 c. sødede tørrede tranebær
- 1/2 c. sødet flaget kokosnød
- 1/2 c. mandler i skiver, groft hakkede
- 10 oz. pkg. skumfiduser
- 3 T. smør

j) Beklæd en 13"x9" bradepande med aluminiumsfolie; sprøjt med slip-let grøntsagsspray og stil til side. I en stor skål, smid popcorn, chokoladechips, tranebær, kokos og mandler sammen; lægges til side. I en gryde ved middel varme røres skumfiduser og smør, indtil det er smeltet og glat.

k) Hæld popcornblandingen over og vend for at belægges helt; overføres hurtigt til forberedt gryde.

l) Læg et ark vokspapir ovenpå; tryk godt ned. Afkøl i 30 minutter, eller indtil den er fast. Løft stængerne fra panden ved at bruge folie som håndtag; skræl folie og vokspapir af. Skær i stænger; køl yderligere 30 minutter. Gør 16.

42. Hej Dolly Bars

- 1/2 c. margarine
- 1 c. graham cracker krummer
- 1 c. sødet flaget kokosnød
- 6 oz. pkg. halvsøde chokoladechips
- 6 oz. pkg. butterscotch chips
- 14 oz. dåse sødet kondenseret mælk
- 1 c. hakkede pekannødder

e) Bland margarine og graham cracker krummer sammen; tryk i en let smurt 9"x9" bradepande. Læg et lag med kokos, chokoladechips og butterscotch chips.

f) Hæld kondenseret mælk over toppen; drys med pekannødder. Bages ved 350 grader i 25 til 30 minutter. Lad afkøle; skåret i stænger. Gør 12 til 16.

43. Irske flødebarer

- 1/2 c. smør, blødgjort
- 3/4 c. plus 1 T. universalmel, delt
- 1/4 c. pulveriseret sukker
- 2 T. bagekakao
- 3/4 c. creme fraiche
- 1/2 c. sukker
- 1/3 c. Irsk flødelikør
- 1 æg, pisket
- 1 t. vaniljeekstrakt
- 1/2 c. piskefløde
- Valgfrit: chokoladedrys

e) I en skål røres smør, 3/4 kop mel, flormelis og kakao sammen, indtil der dannes en blød dej.

f) Tryk dejen i en usmurt 8"x8" bradepande. Bages ved 350 grader i 10 minutter.

g) I mellemtiden piskes det resterende mel, cremefraiche, sukker, likør, æg og vanilje i en separat skål.

h) Blend godt; hældes over bagt lag. Tilbage til ovnen og bag yderligere 15 til 20 minutter, indtil fyldet er sat.

i) Afkøl let; stilles på køl mindst 2 timer, før den skæres i stænger. I en lille skål, med en elektrisk mixer på høj hastighed, pisk piskefløde indtil stive toppe dannes.

j) Server barer toppet med klatter af flødeskum og drys, hvis det ønskes.

k) Opbevares på køl. Gør 2 dusin.

44. Banan hvirvelstænger

- 1/2 c. smør, blødgjort
- 1 c. sukker
- 1 æg
- 1 t. vaniljeekstrakt
- 1-1/2 c. bananer, mosede
- 1-1/2 c. universal mel
- 1 t. bagepulver
- 1 t. bagepulver
- 1/2 t. salt
- 1/4 c. bagning af kakao

e) I en skål piskes smør og sukker sammen; tilsæt æg og vanilje. Blend godt; rør bananer i. Sæt til side. I en separat skål kombineres mel, bagepulver, bagepulver og salt; blandes i smørblandingen. Del dejen i to; tilsæt kakao til den ene halvdel.

f) Hæld almindelig dej i en smurt 13"x9" bradepande; kom chokoladedej ovenpå. Snurr med en bordkniv; bages ved 350 grader i 25 minutter.

g) Afkøle; skåret i stænger. Gør 2-1/2 til 3 dusin.

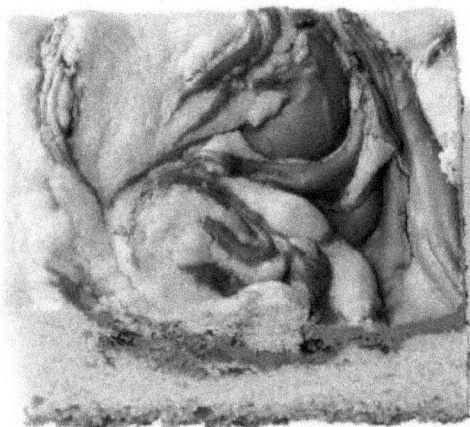

45. Græskar Cheesecake Bars

- 16 oz. pkg. pund kageblanding
- 3 æg, delt
- 2 T. margarine, smeltet og let afkølet
- 4 t. græskartærtekrydderi, delt
- 8 oz. pkg. flødeost, blødgjort
- 14 oz. dåse sødet kondenseret mælk
- 15 oz. dåse græskar
- 1/2 t. salt

e) I en stor skål kombineres tør kageblanding, et æg, margarine og 2 tsk græskartærtekrydderi; bland indtil smuldrende. Tryk dejen i en smurt 15"x10" gelérulleform. Pisk flødeost i en separat skål, indtil den er luftig.

f) Pisk kondenseret mælk, græskar, salt og resterende æg og krydderier i. Bland godt; spredt over skorpen. Bages ved 350 grader i 30 til 40 minutter. Afkøle; stilles på køl, inden den skæres i stænger. Gør 2 dusin.

46. Granola barer

Ingredienser:

- Græskarkerner, ½ kop
- Honning, ¼ kop
- Hampefrø. 2 spsk
- Kokosmel, ½ kop
- Kanel, 2 teskefulde
- Artiskokpulver, 1 spsk
- Vaniljeproteinpulver, ¼ kop
- Kokossmør, 2 spsk
- Goji bær, 1/3 kop
- Pistacienødder, ½ kop, hakkede
- Salt, en knivspids
- Kokosolie, 1/3 kop
- Hampemælk, 1/3 kop
- Vaniljestang, 1
- Chiafrø, 2 spsk kokosflager, 1/3 kop

Metode:

k) Bland alle ingredienserne sammen og fordel jævnt i en terrinepande.
l) Stil på køl i en time.
m) Når den er fast og stivnet, skær den i stænger af den ønskede længde og nyd.

47. Græskar Havregryn AnytimeSquares

Ingredienser:

- Høræg, 1 (1 spsk stødt hør blandet med 3 spsk vand)
- Glutenfri valset havre, ¾ kop
- Kanel, 1½ tsk
- Pecan, ½ kop, halveret
- Malet ingefær, ½ tsk
- Kokossukker, ¾ kop
- Arrowroot pulver, 1 spsk
- Kværnet muskatnød, 1/8 tsk
- Ren vaniljeekstrakt, 1 tsk
- Pink Himalaya havsalt, ½ tsk
- Usødet græskarpuré på dåse, ½ kop
- Mandelmel, ¾ kop
- Valset havregryn, ¾ kop
- Mini chokoladechips uden dagbog, 2 spsk
- Bagepulver, ½ tsk

Metode:

e) Forvarm ovnen til 350 F.

f) Beklæd en firkantet pande med vokspapir og hold den til side.

g) Kom høræg i et krus og lad det sidde i 5 minutter.

h) Pisk puré med sukker og tilsæt høræg og vanilje. Pisk igen for at kombinere.

i) Tilsæt nu bagepulver efterfulgt af kanel, muskatnød, ingefær og salt. Slå godt.

j) Tilsæt til sidst mel, havre, arrowroot, pekannødder og mandelmel og pisk, indtil det er grundigt indarbejdet.

k) Kom dejen over i den forberedte gryde og top med chokoladechips.

l) Bages i 15-19 minutter.

m) Lad den køle helt af, inden den tages ud af gryden og skæres i skiver.

48. Røde fløjlsgræskarstænger

Ingredienser:

- Små kogte rødbeder, 2
- Kokosmel, ¼ kop
- Økologisk græskarkernesmør, 1 spsk
- Kokosmælk, ¼ kop
- Vaniljevalle, ½ kop
- 85% mørk chokolade, smeltet

Metode:

g) Bland alle tørre ingredienser sammen undtagen chokolade.

h) Rør mælk over de tørre ingredienser og bind godt sammen.

i) Form til mellemstore stænger.

j) Smelt chokoladen i mikrobølgeovnen og lad den køle af i et par sekunder. Dyp nu hver bar i smeltet chokolade og overtræk godt.

k) Stil på køl til chokoladen er stivnet og fast.

l) Nyde.

49. Sneklædte citronstænger

- 3 æg, delt
- 1/3 c. smør, smeltet og let afkølet
- 1 t. citronskal
- 3 T. citronsaft
- 18-1/2 oz. pkg. hvid kageblanding
- 1 c. hakkede mandler
- 8 oz. pkg. flødeost, blødgjort
- 3 c. pulveriseret sukker
- Pynt: ekstra pulveriseret sukker

h) I en stor skål kombineres et æg, smør, citronskal og citronsaft. Rør tør kageblanding og mandler i, bland godt. Tryk dejen i en smurt 13"x9" bradepande. Bages ved 350 grader i 15 minutter, eller indtil de er gyldne. I mellemtiden, i en separat skål, pisk flødeost, indtil det er let og luftigt; bland gradvist pulveriseret sukker i. Tilsæt de resterende æg, et ad gangen, og blend godt efter hvert.

i) Fjern panden fra ovnen; fordel flødeostblandingen over den varme skorpe. Bages i 15 til 20 minutter længere, indtil midten er indstillet; afkøle. Drys med flormelis inden du skærer i stænger. Gør 2 dusin.

50. Easy Butterscotch Bars

- 12 oz. pkg. butterscotch chips, smeltet
- 1 c. smør, blødgjort
- 1/2 c. brun farin, pakket
- 1/2 c. sukker
- 3 æg, pisket
- 1-1/2 t. vaniljeekstrakt
- 2 c. universal mel

f) I en skål kombineres butterscotch chips og smør; bland godt. Tilsæt sukker, æg og vanilje; bland godt.
g) Bland gradvist mel i. Hæld dejen i en let smurt 13"x9" bradepande. Bages ved 350 grader i 40 minutter.
h) Afkøl og skær i firkanter. Gør 2 dusin.

51. Cherry Mandel Bar

Ingredienser:

- Vaniljeproteinpulver, 5 skeer
- Honning, 1 spsk
- Æggepiskere, ½ kop
- Vand, ¼ kop
- Mandler, ¼ kop, skåret i skiver
- Vaniljeekstrakt, 1 tsk
- Mandelmel, ½ kop
- Mandelsmør, 2 spsk
- Frosne mørke søde kirsebær, 1 ½ kop

Metode:

a) Forvarm ovnen til 350 F.
b) Skær kirsebær i tern og optø dem.
c) Bland alle ingredienserne, inklusive optøede kirsebær, og bland godt.
d) Overfør blandingen i en smurt bradepande og bag i 12 minutter.
e) Lad den køle helt af, før den tages ud af gryden og skæres i skiver.

52. Karamel Crunch Bars

Ingredienser:
- 1½ kopper havregryn
- 1½ dl mel
- ¾ kop brun farin
- ½ tsk bagepulver
- ¼ tsk salt
- ¼ kop smeltet smør
- ¼ kop smeltet smør
  Toppings
- ½ kop brun farin
- ½ kop granuleret sukker
- ½ kop smør
- ¼ kop mel
- 1 kop hakkede nødder
- 1 kop hakket chokolade

Rutevejledning:
14. Bring temperaturen på din ovn til 350 F. Kom havre, mel, salt, sukker og bagepulver i en skål og bland det godt. Kom dit smør og det almindelige smør i og bland indtil det danner krummer.
15. Læg mindst en kop af disse krummer til side til pynt senere.
16. Forbered nu gryden ved at smøre den med en spray og læg derefter havreblandingen på den nederste del af gryden.
17. Sæt det i ovnen og bag et stykke tid, fjern det så når det er ret brunt og lad det køle af. Så er det næste at lave karamellen.
18. Det gør du ved at røre smør og sukker i en gryde med tyk bund for at undgå, at det brænder hurtigt på. Lad det derefter boble efter tilsætning af mel. Tilbage til havregrynsbunden, tilsæt de blandede nødder og chokolade efterfulgt af den karamel, du lige har lavet, og top det til sidst af med de ekstra krymmel, du har lagt til side.
19. Sæt det tilbage i ovnen og lad det stege, indtil stængerne er gyldne, hvilket vil tage i cirka 20 minutter.

20. Efter bagning skal du køle den ned, inden du skærer i den størrelse du ønsker.

53. To gange kogte popcornbarer

Ingredienser:

- 8 spiseskefulde smør
- 6 kopper skumfiduser eller mini skumfiduser
- 5 spsk jordnøddesmør
- 8 skåle fremstillet karamelkorn eller rødvin
- 1 kop jordnødder, hakket
- 1 kop mini chocolate chip

Til topping:

- ½ kop mini skumfiduser
- ½ kop mini chocolate ships

Vejbeskrivelse

4. Opvarm ovnen til 350 grader F.
5. Dæk bunden af en 9-tommer firkantet plade med bagepapir.
6. I en stor gryde smeltes smørret. Tilsæt marshmallows og rør, indtil det er helt smeltet. Rør jordnøddesmør i.
7. Tilsæt korn og bland, indtil det er jævnt. Fordel halvdelen af blandingen i en tilberedt gryde. Med fugtige rene hænder, tryk popcornene ned og prøv at gøre det ensartet.
8. Drys med jordnødder og chokoladechips.
9. Pres den resterende kornblanding oven på jordnødder og chokolade.
10. Drys med de resterende skumfiduser og chocolate chip, og sæt i ovnen i 5-7 minutter.
11. Lad det køle af, og afkøl derefter i køleskabet, før det skæres.

54. No-Bake Cookie Bars
Ingredienser:

- 1/2 kop smeltet smør
- 1 ½ kop Graham cracker ccrumbs
- Et pund konfektionssukker (3 til 3 1/2 kopper)
- 1 ½ dl jordnøddesmør
- 1/2 kop smør, smeltet
- 1 (12 ounces) pose mælkechocolate skib

Rutevejledning:

6. Kombiner Graham cracker ccrumbs, sukker og jordnøddesmør; bland godt.
7. Blend det smeltede cannabissmør i, indtil det er godt blandet.
8. Pres blandingen endda ind i en 9 x 13-tommer plade.
9. Smelt chokolade i mikroovn eller i en dobbelt kedel.
10. Fordel over jordnøddesmørblandingen.
11. Afkøl indtil det er stivnet og skær i stænger. (Disse er meget svære at skære, hvis chokoladen bliver "hård " .)

55. Mandelcitronstænger

Udbytte: 32 citronbarer

Ingredienser:

- 1/4 kop granuleret sukker
- 3/4 kop cannabis-infunderet smør (softened)
- 1 tsk citronskal
- 2 kopper helt almindeligt mel
- 1/4 tsk bord sælges t
  Til Lemon Bar Batter:

- 6 store æg
- 2 kopper sukker
- 1/4 kop hakket, krystalliseret ingefær
- 1/2 kop al-purrose mel
- 1 tsk bagepulver
- 2 borde af citronskal
- 2/3 kop frisk citronsaft
  For mandelblanding:

- 3/4 dl mel
- 1/2 kop sukker
- 1/4 tsk salt
- 1/4 kop smør (smeltet)
- 1/2 kop snittede mandler
- Valgfri garnishes: en afpudsning owhered sar, flødeskum, etc.

Rutevejledning:

Til Lemon Bar Crust:

6. Forvarm din ovn til 350 grader F.
7. Brug en stående eller håndholdt elmixer til at piske 1/4 kop sukker, 3/4 kop blødgjort smør og 1 tsk citronskal ved medium hastighed i 2 minutter eller indtil ca.

8. I en separat stor skål kombineres 2 kopper mel og 1/4 tsk salt. Tilsæt gradvist de tørre varer (mel og salt) til cremet smør, sukker og æg. Bland godt, indtil alt er fuldstændigt blandet.
9. Når dejskorpen er blandet, anret en 9x13 tommer bageform med noget ikke-stært kogespray. Stil det tomme, smurte fad i køleskabet til afkøling i mindst 15 minutter før bagning.
10. Fjern fadet fra køleskabet, og pres dejen ind i gryden, indtil du opretter et ensartet lag. (Gå ikke glip af hjørnerne!)
11. Bag skorpen i 15 til 20 minutter i din forvarmede ovn, eller indtil den er let brun.
12. Fjern skorpen fra ovnen og sænk ovntemperaturen til 325 grader F.
13. Lad skorpen sidde til siden for nu.

For Lemon bar Batter:

9. Pisk de 6 æg og 2 kopper sukker sammen.
10. I en foodprocessor eller blender hældes 1/2 kop mel i sammen med 1/4 kop krystalliseret ingefær. Pulser de to ingredienser sammen, indtil de er helt kombineret. Fortsæt med at hælde mel- og ingefærblandingen i en mellemstor skål.
11. Rør 1 tsk bagepulver i mel- og ingefærblandingen.
12. Tilsæt langsomt partier af mel- og ingefærblandingen til skålen, der indeholder æggene og sukkeret.
13. Pisk citronsaften og 2 spiseborde citronskal i, indtil det er helt blandet og jævnt.
14. Hæld citronbar-dejen over den afkølede skorpe, shimmy og jiggling skålen for at tillade enhver luftbobler at undslippe.
15. Bag citronstængerne i din forvarmede ovn i 15 til 20 minutter, eller indtil citronfyldet knap har stivnet.
16. Fjern citronstængerne fra ovnen og læg dem til siden indtil videre.

Til skivet mandelblanding:

4. Rør de resterende 3/4 kop mel, 1/2 kop sukker og 1/4 tsk salt sammen i en lille skål.

5. Hæld 1/4 kop smeltet smør i, og rør ingredienserne, indtil de er godt blandet.
6. Tilsæt 1/2 kop skåret mandler, og rør en gang til.
7. Drys mandel- og sukkerblandingen over de varme citronstænger, og læg derefter citronstængerne tilbage i ovnen i yderligere 20 til 25 minutter, indtil de er lidt mere gyldne.
8. Fjern citronstængerne fra ovnen, og lad dem køle af i bageformen oven på et kølestativ i mindst 1 time.
9. Skær dine citronstænger i individuelle varer , og servér straks med et strejf af rædselsukker, hvis du vil.

56. Chokoladebar

Ingredienser:

- 1/4 kop smør
- 4 kopper chocolate

Rutevejledning:

6. Smelt chocolaten i en ren, tør skål over en gryde med knapt kogende vand. Hvis du vil temperere chokladen, tilsæt dit smør.
7. Når chokoladen er smeltet (og tempereret, hvis du tempererer chokoladen), skal du fjerne skålen fra gryden og tørre fugten af bunden af skålen.
8. Hæld eller ske med et lag af chocolate i dine forme. Rap them on the tælleren feses to distribuere the chokolade eventy og reease enhver aar luftbobleres; derefter arbejde hurtigt, top med alle slags nødder, tørret frugt eller andre ingredienser, som du ønsker, og pres dem i lidt.
9. Du kan også blande ingredienser i chocolaten, såsom ristede nødder, frø, sarte ris, snerpede ingrediens, sår formene.)
10. Sæt straks barerne i køleskabet, indtil de er faste. Hvis der bruges tempereret chocolate, bør det ikke tage mere end fem minutter, før de er faste. Ellers vil chokladen tage længere tid.

57. Havregrynsbarer

Tilberedningstid: 15 minutter
Tilberedningstid: 25-30 minutter
Portioner: 14-16
Ingredienser:
- 1¼ kopper gammeldags havregryn
- 1¼ kopper universalmel
- ½ kop finthakkede ristede valnødder (se note)
- ½ kop sukker
- ½ tsk bagepulver
- ¼ tsk salt
- 1 kop smør, smeltet
- 2 tsk vanilje
- 1 kop syltetøj af god kvalitet
- 4 hele graham-kiks (8 firkanter), knust
- Flødeskum, til servering (valgfrit)

Rutevejledning:
4. Forvarm ovnen til 350°F. Smør en 9-tommer firkantet bradepande. Kom i en skål og kom havregryn, mel, valnødder, sukker, bagepulver og salt sammen. I en lille skål kombineres smør og vanilje. Tilsæt smørblandingen til havreblandingen og bland indtil smuldrende.
5. Reserver 1 kop til topping, og tryk den resterende havreblanding i bunden af bradepanden. Fordel marmeladen jævnt over toppen. Tilsæt de knuste kiks til den reserverede havreblanding og drys marmeladen over. Bag det i omkring 25 til 30 minutter, eller indtil kanterne er brune. Afkøl helt i gryden på en rist.
6. Skær i 16 firkanter. Server, tilsæt en klat flødeskum, hvis det ønskes.
7. Opbevaring af det i en glasbeholder i køleskabet hjælper med at bevare det.

58. Tygge pecan barer

Ingredienser:
- Nonstick bagespray
- 2 kopper plus
- 2 spsk universalmel, delt
- ½ kop granuleret sukker
- 2 spsk plus
- 2 tsk. smør
- 3½ tsk usaltet smør, skåret i stykker
- ¾ tsk plus kosher knivspids salt, delt
- ¾ kop pakket mørk brun farin
- 4 store æg
- 2 tsk vaniljeekstrakt
- 1 kop lys majssirup
- 2 kopper hakkede pekannødder
- Pekannødder skåret i halve

Rutevejledning:

11. Forvarm ovnen til 340°F. Smør panden med en nonstick-spray og beklæd med bagepapir med udhæng på to sider, så du nemt kan løfte stængerne fra panden.
12. Ved at bruge en blender eller foodprocessor, blend mel, sukker, slags smør og ¾ teskefuld salt, indtil det er blandet. Blandingen vil danne sig i klumper.
13. Overfør dejen til den forberedte gryde. Tryk det fast og jævnt i bunden af gryden. Gennembryd skorpen over det hele med en gaffel, og bag den, indtil den er lys til en medium gyldenbrun, 30 til 35 minutter.
14. Brug den samme foodprocessorskål til at kombinere brun farin, de resterende 2 spsk mel, knivspids salt, æg, vanilje og

majssirup. (Tilsæt majssiruppen til sidst, så den ikke sætter sig fast i bunden af foodprocessoren.)

15. Puls indtil fuldstændig kombineret. Vend blandingen i en stor skål
og tilsæt pekannødderne.

16. Hæld pekannødblandingen jævnt over den bagte skorpe. Læg et par ekstra pecan-halvdele ovenpå fyldet som dekoration.

17. Sæt gryden tilbage i ovnen og lad den bage, indtil midten er indstillet i 35 til 40 minutter. Hvis der er en chance for, at indersiden stadig vrikker, skal du forberede dig på et par minutter mere; hvis du bemærker, at stængerne begynder at puste i midten, skal du fjerne dem med det samme. Læg dem på en rist og lad dem køle af, før du skærer dem i 16 (2-tommer) firkanter og løfter stængerne ud.

18. Opbevaring: Opbevar stængerne i en lufttæt beholder ved stuetemperatur i 3 til 5 dage eller frys i op til 6 måneder. De kan være meget klistrede, så pak dem ind i pergament eller vokspapir.

KONKLUSION

De bedste dessertbarer har som regel smagslag og kommer i mange variationer, mulighederne er uendelige, se hvad du kan finde på!

Dessertbarer er også en rigtig fin julegave eller enhver anden speciel lejlighedsgave til venner og familie. Hvem vil ikke gerne modtage en smukt dekoreret pakke fyldt med hjemmelavede dessertbarer? Det kunne være en af de bedste gaver nogensinde! De har en ret lang holdbarhed og kan bages et par dage i forvejen. De kan også opbevares i fryseren, hvis de er pakket tæt ind i plastfolie.

Med denne kogebog vil du helt sikkert give dine gæster lyst til at komme tilbage for at få endnu et torv at spise!